Varia / Feltrinelli

GIUSEPPE
CULICCHIA

E FINSERO FELICI E CONTENTI

Dizionario delle nostre ipocrisie

Feltrinelli

Prima edizione in "Varia" luglio 2020

Stampa Grafica Veneta S.p.A. di Trebaseleghe - PD

ISBN 978-88-07-49272-3

FSC
www.fsc.org
MISTO
Carta
da fonti gestite in
maniera responsabile
FSC® C021883

Per le citazioni:
in epigrafe, Charles Bukowski, *Sulla scrittura*, Guanda, Milano 2020;
p. 179, Renzo De Felice, *Intervista sul fascismo*, Laterza, Roma-Bari 2008.

E finsero felici e contenti

a Margherita

Preferirò sempre le più storte, le più ignobili, irresponsabili, maldestre, infelici creature di questo mondo a questa generazione di preti che mi ritrovo intorno e alla quale fate a gara per appartenere.

GIPI

Mi pare che alcuni membri del movimento di emancipazione femminile stiano tentando di imporre una censura sulla libertà di espressione, una censura che supera anche le ambizioni di qualche città, contea, stato, e di gruppi parlamentari che operano per gli stessi fini e metodi. Un uomo può scrivere un racconto che ha come tema scopare o anche su donne di merda e non per questo essere uno che odia le donne. Le femministe devono rendersi conto che le limitazioni in certe forme di scrittura alla fine porteranno a limitare e controllare tutte le forme di scrittura, eccetto quelle scelte dall'ente preposto. A uno scrittore deve essere permesso di parlare di tutto. Céline è stato accusato di antisemitismo e quando gli hanno chiesto spiegazioni su un certo passaggio ha dichiarato: "Il fatto è che proprio non mi piace la gente. Questa volta per caso si trattava di un ebreo...". La creazione non può sottostare a limitazioni. Di' alle femministe di stare calme.

CHARLES BUKOWSKI

Introduzione

È, questa nostra, l'epoca dello storytelling. E delle fake news. E dei presunti cosiddetti reality basati sui brainstorming di valenti ghost-writer e oscuri sceneggiatori. E dunque, in definitiva, della fiction. La complessità è ormai un lontano ricordo. Vige, non solo sui e grazie ai social ma anche altrove, la semplificazione. Una semplificazione che fa tesoro del principio dei due pesi e delle due misure. Ricordate il capitolo di 1984 *in cui Orwell mette in scena il personaggio di Syme, colui che lavora alla costruzione della Neolingua attraverso la distruzione del vocabolario e dunque del pensiero? "Non ti accorgi che il principale intento della Neolingua consiste proprio nel semplificare al massimo le possibilità del pensiero?" chiede Syme al protagonista del romanzo, Winston. "Giunti che saremo alla fine, renderemo il delitto di pensiero, ovvero lo psicoreato, del tutto impossibile, perché non ci saranno più parole per esprimerlo."*

In principio d'altronde fu il Verbo: e dato che le parole sono pietre, da anni raccolgo notizie e prendo appunti riguardo alla narrazione della fiction che ha spazzato via il mondo reale, ammesso naturalmente che questo esista davvero (vedi Arthur Schopenhauer, Il mondo come volontà e rappresentazione*). Una fiction già al centro dell'*Uno, nessuno e centomila *di Luigi Pirandello ma che oggi più che mai è la cifra del nostro vivere quotidiano, amplificata a dismisura dalle nuove tecnologie. Dal greco ὑποκρίνομαι, "fingere", deriva d'altronde non a caso la parola "ipocrisia".* Ypòkrisis *era l'attore. E l'ipocrisia indicava la finzione dello spettacolo teatrale. Uno spettacolo rappresen-*

tato oggi non solo dal cosiddetto famoso "teatrino della politica" – espressione coniata da uno che di spettacoli e messe in scena se ne intende –, ma a questo punto anche da noi stessi. Siamo noi a interpretarlo e a diffonderlo attraverso i sopracitati social, che spesso in realtà verrebbe la tentazione di ribattezzare antisocial.

Certo, sarebbe assai più consolatorio credersi vittime di un gigantesco Truman Show *ordito da chissà chi. E invece ciascuno di noi confeziona con le proprie mani la sua personalissima versione del medesimo. Anche senza aver frequentato l'Actor's Studio o la Scuola Holden, siamo diventati tutti attori e storyteller. Coprotagonisti di una gigantesca fiction collettiva. Maestri di ipocrisia. Pensate per esempio a quanta ne occorre per essere "politicamente corretti" e non incorrere nella condanna dei Guardiani del Pensiero Unico. Con risultati talvolta tragicomici: vedi l'accusa di razzismo nei confronti di Mark Twain, che in vita sua si batté per l'abolizione dello schiavismo, perché nel suo romanzo* Le avventure di Huckleberry Finn *compare la parola "negro". L'uso di tale sostantivo era del tutto normale all'epoca in cui Twain scrisse il romanzo, e un dodicenne come Huck Finn nato e cresciuto sulle rive del Mississippi non avrebbe potuto adoperarne un altro riferendosi allo schiavo fuggitivo Jim. Ciò nonostante, il libro è stato vietato con grande sprezzo del ridicolo in diverse università americane.*

Da questo punto di vista, la cronaca offre di continuo nuovi spunti. Si pensi al caso di Martina Navratilova, nove volte vincitrice a Wimbledon, lesbica dichiarata da decenni, ma espulsa dall'Athlete Ally, che si batte per i diritti degli sportivi LGBT, *e della quale era ambasciatrice e consigliera, per aver detto che la competizione tra tenniste donne e tenniste transgender non è equa. Un'osservazione perfino ovvia, capace però di suscitare l'ondata di indignazione che ha portato alla revoca del suo incarico. Negli Usa e altrove siamo del resto arrivati al punto in cui se sei un maschio bianco eterosessuale non puoi scrivere una storia che abbia come protagonista un gay afroamericano o tantomeno un'afroamericana lesbica, e se per caso sei una ricercatrice universitaria eterosessuale che lavora a una tesi sulle femministe* LGBTQIAPK *non hai il diritto di farlo, dato che non appartieni a nessuna di queste minoranze. Il che equivale a dire che Umberto Eco, non essendo un monaco medievale, non avrebbe dovuto scrivere* Il nome della rosa. *Follia pura, insomma, nutrita da ego narcisisti di dimensioni colossali.*

Le declinazioni della finzione ipocrita in cui viviamo sono tuttavia numerosissime. Che dire per esempio dell'uso ormai frequente non solo in Confindustria ma anche a sinistra (?) di definire "riforme" le misure che nel corso degli ultimi decenni hanno di fatto assai limitato se non abolito i diritti dei lavoratori? Come si può far passare per tali l'introduzione del precariato e dei contratti a chiamata? Chissà, forse è anche stato quest'uso distorto e strumentale del linguaggio ad allontanare non pochi elettori da determinate forze politiche, portandoli a scegliere formazioni "populiste" o (almeno apparentemente) antisistema. Demonizzate furiosamente dalle testate e dai commentatori più autorevoli, oltre che come ovvio da chi ha visto dimezzati i propri consensi dal responso delle urne.

Ma demonizzare non serve. Bisognerebbe semmai sforzarsi di capire. Piantarla con la fiction e lo storytelling. Riconoscere di aver messo in circolazione a propria volta quantità non indifferenti di fake news. Si veda il caso dei Gilet Gialli. Non si è capito, o non si è voluto capire, che la presenza al loro interno di persone assolutamente "moderate" – signore coi capelli bianchi che non erano né fasciste né Black Bloc, ma semplicemente appartenevano a una comunità di cittadini che si è sentita tradita dai propri rappresentanti a causa della crescente sperequazione economica sotto gli occhi di tutti – era un campanello d'allarme per lo status quo assai più inquietante delle violenze delle frange più estremiste. E questo significa solo una cosa. Ovvero che ci si vuole ostinare – per comodità, per pigrizia mentale, per interesse – a perpetuare la finzione. Benvenuti dunque tra le pareti fatte di parole di cartapesta del nostro piccolo-grande Truman Show, *in cui il Grande Fratello si è incarnato nello smartphone che ci portiamo in tasca e di cui siamo a un tempo tutti vittime e complici.*

Il corpo

Recita l'articolo 3 della Costituzione italiana: "Tutti i cittadini hanno pari dignità sociale e sono eguali davanti alla legge, senza distinzione di sesso, di razza, di lingua, di religione, di opinioni politiche, di condizioni personali e sociali". Questo in teoria. Poi c'è la pratica. A cominciare dal corpo. E dallo storytelling che lo vede protagonista della grande fiction collettiva. Vedi l'uso spesso sapiente di Photoshop o le pose artefatte che assumiamo nel momento in cui si tratta di postare sui social immagini di noi stessi. Su Instagram la comica australiana Celeste Barber si è conquistata oltre un milione e ottocentomila follower postando scatti in cui fa la parodia delle pose assunte da star del cinema e modelle varie in occasione di selfie e scatti non di rado già piuttosto ridicoli: "Così infastidisco i personaggi famosi che pensano di essere migliori degli altri". E dunque eccola nei panni delle Paris Hilton e simili. Ma in quanti nel nostro piccolo facciamo del nostro meglio per ottenere quei "mi piace" diventati la nuova droga della povera Paris e di chi come lei vede salire o scendere le proprie quotazioni sul mercato in base alla popolarità sancita dal web? Mostrarsi per come si è può essere pericoloso. Basti pensare alle valanghe di insulti rovesciatesi su una sportiva come Bebe Vio per il solo fatto di non avere un corpo perfetto. Che poi sarebbe interessante vedere le facce di chi si produce in queste scariche d'odio. Anche se temo si correrebbe seriamente il rischio di rivalutare l'opera e le teorie di Cesare Lombroso. Resta da dire, a proposito del succitato articolo 3, che vi compare il termine "razza": cosa che, va da sé, ne rende necessario l'aggiornamento.

ALITOSI Sui social per fortuna non la si nota. Ma di persona sì. Resta memorabile in *Loro 2* di Paolo Sorrentino la scena in cui una giovane frequentatrice di cene eleganti confessa al Berlusconi interpretato da Toni Servillo: "Hai l'alito di mio nonno". Scena che poi mi è tornata in mente quando, leggendo Antonio Scurati nel suo peraltro notevolissimo *M*, mi sono imbattuto nelle righe in cui l'autore ha voluto sottolineare come a Mussolini, al termine della Marcia su Roma, puzzassero i piedi. Ho ripensato allora a una frase di Friedrich Nietzsche nel suo *La volontà di potenza*: "Ogni società tende a sminuire i propri avversari fino alla caricatura". Questo piccolo ma illuminante esempio del succitato principio dei due pesi e delle due misure ha fatto sì che, con tutto il rispetto, mi sorgesse spontanea una domanda: ma a Matteotti i piedi non puzzavano mai? (Lo so, per ottenere più "mi piace" una cosa del genere non la si dovrebbe scrivere. Ma qui e nelle pagine che seguono farò del mio meglio per non autocensurarmi.)

ALTEZZA Ironizzare anche pesantemente per anni su quella di Berlusconi e su quella di Brunetta, definendoli nani. Stigmatizzare però gli odiatori del web che insultano Bebe Vio e i fascisti che storpiano i cognomi. Vedi CALVIZIE.

ANORESSIA In veste di responsabili di testate di moda anche autorevoli, pubblicare di tanto in tanto un articolo contro l'uso di modelle troppo magre alle sfilate e nelle pubblicità da parte di determinati marchi, avendo cura però di non citarli esplicitamente: così da poter continuare a sedere in prima fila alle loro sfilate e accettarne la pubblicità.

BIONDE Evitare almeno in loro presenza di fare battute sulla loro intelligenza. Se bionde, citare la succitata Paris Hilton: "Non è vero che le bionde sono meno intelligenti".

BODY SHAMING In Italia non è corretto farlo se è rivolto a donne di sinistra, nel qual caso scatta immediata la stigmatizzazione non solo su Twitter e Facebook ma anche da parte delle testate più autorevoli. Lo si può fare invece tranquillamente nei confronti di donne di destra, vedi il famoso tweet di Asia Argento su Giorgia Meloni, oppure prendendo di mira uomini di destra, vedi i vari Silvio Berlusconi e Giuliano Ferrara e Renato Brunetta, per tacere va da sé di archetipi quali Achille Starace e Paul Joseph Goebbels.

CADAVERE Nel caso ci si imbatta in una persona morta in spiaggia, fotografare la scena in cui si vede la salma stesa sulla sabbia avendo cura di inquadrare i bagnanti che continuano imperturbabili a giocare a tamburello o a mangiare il gelato, così da postare l'immagine online e denunciare l'indifferenza nei confronti del defunto. Sentirsi chiedere: "Ma tu l'hai chiamata l'ambulanza?". Rispondere: "E come facevo? Stavo fotografando". Se muore una rockstar sentirsi in dovere di esprimere sui social il proprio cordoglio, fosse anche solo con un *R.i.p.* seguito dal classico cuoricino, e spiegare nei dettagli come e perché si è diventati suoi fan e che significato hanno avuto per la propria vita le sue canzoni, magari citandone i testi. Nelle ore successive, riascoltando i brani della rockstar medesima o rivedendone i video su YouTube dopo averli linkati, controllare compulsivamente i "mi piace" ottenuti.

CALVIZIE Ironizzare anche pesantemente per anni su quella di Berlusconi citando la famosa bandana. Stigmatizzare però gli odiatori del web che insultano Bebe Vio e i fascisti che storpiano i cognomi. Vedi ALTEZZA.

CANCRO L'unico ammissibile è il segno zodiacale. In tutti gli altri casi occorre invece parlare di una "lunga malattia" o di una "malattia incurabile". Dire o scrivere sempre: "Si è spento dopo lunga malattia". Sottinteso "incurabile". Molte malattie già incurabili sono oggi in effetti curabili. Specie se No vax, però suggerire: "Hai provato con il limone?". Oppure: "Hai provato con il bicarbonato?". Dire sempre: "Se non l'hanno ancora sconfitto è perché ci sono dietro gli interessi di Big Pharma". Tra le cause si annovera di tutto, gli organi di informazione allungano l'elenco ogni giorno: ovviamente la carne ma anche il pesce, le verdure, il vino, i superalcolici, le bibite gassate, il fumo, le patatine fritte, i telefoni cellulari, il wi-fi, i ripetitori della tivù, i tralicci della corrente elettrica, l'insonnia, la doccia, il cunnilingus, il bordo bruciacchiato della pizza, le onde emesse dai frigoriferi, i radar, Černobyl', Fukushima, l'aria che respiriamo, l'acqua che beviamo. Certi attori e personaggi della tivù fanno – come si dice – coming out, comunicando di esserne fuori o di stare lottando contro o ancora di avere un figlio che ne soffre. In questi casi, gli odiatori che tali personaggi si trascinano dietro loro malgrado come gli squali attaccati alla carcassa del marlin in *Il vecchio e il mare* naturalmente si scatenano: vedi gli insulti ricevuti da Elena Santarelli per aver postato su Instagram una foto in cui sorrideva mesi dopo aver reso noto che il figlio aveva un tumore al cervello. Va da sé che gli odiatori o troll postano i loro commenti servendosi di un nick, e dunque celandosi dietro un comodo anonimato: sono i cosiddetti leoni da tastiera, veri e propri campioni dell'ipocrisia che corre sul web e che grazie a questo viene amplificata. Vedi MALATTIA. Vedi TUMORI.

CICCIA Ironizzare per anni su quella di Giuliano Ferrara e di Mario Adinolfi, definendoli "ciccioni". Stigmatizzare però gli odiatori del web che fanno lo stesso con Michela Murgia. I chili di troppo sono un altro degli spunti preferiti dagli odiatori dei social, che non perdono occasione per attaccare modelle e attrici e cantanti se per caso hanno messo su qualche etto dall'ultima sfilata o passerella o esibizione canora: sempre servendosi dei nick, ci mancherebbe. Mina risolse la questione sparendo ben prima dell'avvento dei troll digitali. Ma per tornare al principio dei due pesi e delle due misure, si staglia su tutti l'esempio impareggiabile del famoso tweet di Asia Argento, che incrociando Giorgia Meloni al ristorante la fotografò e scrisse: "La schiena lardosa della ricca e svergognata – Make Italy great again – #fascista ritratta al pascolo". Vale forse la pena di ricordare che la Meloni era diventata madre da pochi mesi, ma al di là di questo sorprende che la futura (in quel momento storico) paladina del #metoo e del neofemminismo attaccasse una donna proprio a partire dal suo aspetto fisico. Immaginatevi la reazione generale nel caso fosse stata una donna di destra ad attaccare in questo modo una di sinistra. Resta indimenticabile il Bianciardi che, ribellandosi al Miracolo italiano, scriveva ne *La vita agra*: "Scomparse le diete dimagranti e i pregiudizi pseudo estetici, le donne saranno finalmente grasse".

CIECHI Anni fa, invitato alla presentazione del mio libro *Torino è casa mia* presso il Centro Non Vedenti della mia città, scoprii che era stato tradotto in Braille. Ivan, il ragazzo che sedeva accanto a me di fronte al pubblico, lesse ad alta voce alcune pagine usando con grande naturalezza i polpastrelli al posto degli occhi. Alla fine dell'incontro ci attendeva un piccolo rinfresco. Mentre gli accompagnatori versavano da bere ai cosiddetti utenti, spesso dotati dell'apposito bastone bianco, brindai con la direttrice. E dopo due chiacchiere informali, non potei fare a meno di chiederle una cosa che mi era venuta in mente al momento dell'invito.

"Mi perdoni," le dissi, "ma come si definiscono tra loro le persone che frequentano il Centro?"

Lei mi guardò perplessa. "In che senso?"

"Voglio dire, si definiscono non vedenti o ciechi?"

La direttrice tossicchiò. "Beh, in effetti in questi anni ci siamo resi conto che loro non usano l'espressione 'non vedenti': preferiscono definirsi 'ciechi'."

"Ah, davvero?"

"Già. Per la verità sembra quasi che l'espressione 'non vedenti' li metta a disagio. Infatti a un certo punto abbiamo anche pensato di cambiare la denominazione del nostro Centro. Ma sa, non è facile."

DEPRESSIONE È sempre più diffusa. Da parte mia, non ricordo di averne mai sentito parlare se non verso la fine degli anni Ottanta. Può darsi fossi distratto, oppure era davvero meno diffusa: sarà che negli anni Quaranta c'era la guerra, nei Cinquanta la ricostruzione, nei Sessanta il boom, nei Settanta la lotta armata, e insomma c'era parecchio da fare, non è che ci fosse così tanto tempo per star lì ad arrovellarsi. Poi però per l'appunto ecco gli Ottanta, quelli che Roberto D'Agostino ribattezzò "dell'edonismo reaganiano". È stato in quegli anni che tutto è cambiato, o come direbbe Nietzsche si è verificata la "trasvalutazione di tutti i valori". Per cui se non facevi il manager e non guidavi una Porsche Cayenne, o non avevi una cabina armadio e un marito manager con la Porsche Cayenne che ti portasse in vacanza alle Maldive o alle Seychelles, eri uno/a sfigato/a. Il concetto stesso di sfigato/a nasce del resto proprio in quel periodo storico. Prima non esisteva, caso mai c'erano i bambini siciliani o inglesi o piemontesi che lavoravano nelle solfatare o nelle fabbriche o nelle filande come oggi i loro coetanei thailandesi o cinesi o africani, e con loro i dannati della terra di Frantz Fanon. Ma tant'è: complici il famoso cosiddetto riflusso, il proliferare di centri commerciali e poi di outlet in cui trascorrere il sabato pomeriggio o anche la domenica in veste di consumatori o lavoratori, la nascita di internet e la morte di Dio, la percentuale di tumori, la dipendenza dal gioco d'azzardo che colpisce calciatori milionari e casalinghe disperate e pensionati con la minima, la disgregazione della famiglia col picco di separazioni e divorzi, le statistiche che di anno in anno fotografano una condizione di solitudine sempre più diffusa certificata dall'aumento dei single e di coloro che vengono rinvenuti semi-mummificati dai vicini di casa insospettiti dalla puzza, e avvicinandoci al nostro qui e ora, la sensazione ormai diffusa di una catastrofe imminente, provocata dai mutamenti climatici che come ci ricorda Greta ogni venerdì renderanno presto questo nostro unico e disgraziato Pianeta inabitabile o dagli effetti del coronavirus, le ragioni per cadere nel "male oscuro" non mancano. Con l'aiuto di quegli psicofarmaci che assieme ai lassativi rappresentano la maggiore fonte di entrate per i farmacisti, fingere in ogni caso che tutto stia andando per il meglio. Al limite, trincerarsi: "Chi? Io? Depresso? Ma va', è solo stress".

DISTURBI Hanno sostituito tutte le malattie tranne quelle cosiddette incurabili. Usare "disturbi alimentari" se proprio si è costretti ad ammettere che un famigliare soffre di anoressia o di bulimia. Se dipendenti pubblici, provarci: "Dottore, mi dà una settimana di mutua per cortesia, che ho un disturbo?". Quando si bussa a una porta o si fa una telefonata sapendo di disturbare, esordire con un "Disturbo?", così da costringere l'altro a mentire: "No, figurati".

DIVERSAMENTE ABILI Come ricordato nell'*Introduzione*, è stato George Orwell in *1984* a intuire per primo l'avvento di una Neolingua. Bene: noi tutti ormai ne adoperiamo una nel momento in cui ci esprimiamo uniformandoci ai princìpi inderogabili di quel politicamente corretto che pareva essere diventato egemone prima dell'avvento di Trump e Salvini, avvento che a mio parere è stato causato tra le mille altre cose anche proprio dall'egemonia – almeno nel discorso pubblico, perché poi in privato si sa che le cose vanno spesso in tutt'altro modo anche tra persone in apparenza assai per bene – del politicamente corretto. Nel corso degli anni, espressioni politicamente corrette sono state introdotte in ogni campo, e poi aggiornate, e riaggiornate, di modo che non di rado a chi pensava di parlare in modo politicamente corretto veniva fatto notare che si sbagliava, perché nel frattempo la frontiera del politicamente corretto si era spinta oltre. È così che i subnormali sono diventati minorati e quindi handicappati e poi disabili e infine diversamente abili. In una lettera indirizzata al quotidiano "La Stampa" il 23 luglio 2009, l'ex presidente del Basket Disabili Sardegna Maurizio Melis scriveva a commento di un articolo di Pierangelo Sapegno: "A proposito, quante volte vorrei abbracciare l'Autore per non aver mai usato il termine diversamente abili, neoidiotismo (non di neologismo si tratta) usato persino da alcuni disabili, inventato da chi, penso, mi si perdoni l'accostamento, definirebbe una prostituta diversamente vergine". Ecco. Non credo sia necessario aggiungere altro.

GAMBADILEGNO Nei nuovi fumetti della Disney, la gamba di legno di questo personaggio è sparita: forse avrebbe potuto urtare la sensibilità dei lettori diversamente abili, vista l'associazione tra il carattere negativo del povero Pietro e la sua minorazione fisica. In base a questo stesso principio, bisognerebbe riscrivere *L'isola del tesoro* di Robert Louis Stevenson, in cui il pirata Long John Silver, il cattivo della storia, sfoggia a sua volta un arto artificiale. Lo stesso dicasi per il capitano Ahab, che nel *Moby Dick* di Herman Melville deambula con una gamba ricavata dalla mascella di un cetaceo. Sempre in campo marinaresco, ci sarebbe anche il caso del pirata e poi corsaro Barbossa, che nella saga dei *Pirati dei Caraibi* si distingue a sua volta per via dell'arto artificiale. Per tacere di Capitan Uncino. Poi ecco il braccio mancante di Franz Biberkopf, il delinquente e poco di buono protagonista di *Berlin Alexanderplatz* di Alfred Döblin. E già che ci siamo: ricordate Ironside, l'investigatore sulla sedia a rotelle dell'omonima serie televisiva? Ah già, che sbadato: lui era un personaggio positivo. L'unico a cui si può serenamente dare dello "zoppo" e perfino dello "storpio" è il già citato Paul Joseph Goebbels, ministro del Reich per l'Istruzione pubblica e la Propaganda, *Gauleiter* di Berlino e per un solo giorno successore di Hitler alla Cancelleria. In teoria non sarebbe politicamente corretto, ma dato che era nazista si può. Anzi, si deve. Il primo fu nientemeno che Thomas Mann, secondo cui era "storpio nel corpo e nell'anima".

MALATTIA Oggi viene trattata come tale la gravidanza, specie nel caso delle cosiddette primipare attempate, ovvero delle donne che restano incinte per la prima volta oltre la fatidica soglia dei trentacinque anni, a questo punto la maggioranza. Per garantire l'esito positivo della gravidanza, la primipara attempata deve sottoporsi nell'arco dei nove mesi a tutta una serie di esami, e si ritrova ad attendere l'esito dei medesimi con un altissimo, e crescente, coefficiente d'ansia, il quale si trasmette facilmente all'impollinatore corresponsabile della prossima venuta al mondo del/la nuovo/a esemplare della nostra specie, fermo restando che l'ansia della primipara attempata non ha paragoni. Il bello è che gli stessi esaminatori invitano la primipara attempata di turno a non considerare la gravidanza una malattia e a non farsi travolgere dall'ansia, così da vivere i nove mesi il più serenamente possibile, anche a beneficio del feto: ma come si fa a vivere il più serenamente possibile se in pratica non appena passato un esame ci si deve accingere a superarne un altro? Se la primipara attempata e alquanto provata, se non proprio esasperata, dai ripetuti esami a un certo punto sbotta "Ma insomma, una volta tutti questi esami non c'erano e i bambini venivano al mondo lo stesso!", farle notare che "Sì, però nascevano molti più minor... pardon, subnor... pardon, handic... pardon, disab... pardon, diversamente abili". Sta di fatto che, grazie alle famose succitate "riforme" della legislazione inerente al mondo del lavoro, la stragrande maggioranza dei giovani al primo impiego – va da sé precari o costretti ad aprirsi una partita Iva – non gode della copertura della cara vecchia cassa mutua in caso di malattia, e se costretta a stare a casa non percepisce alcuna retribuzione: e a introdurre tali "riforme" è stato il primo governo di centro-sinistra guidato da Romano Prodi, che con il ministro Tiziano Treu ha di fatto dato il via al precariato in Italia.

MUTI Dato che ormai non sta più bene chiamare "ciechi" i ciechi e "sordi" i sordi, non si capisce perché la stessa cosa non valga anche per i muti. Certo, se ci si orienta sulla scorta dei vari "non vedente" e "non udente", non si può non rilevare come "non parlante" suoni alquanto bizzarro. Ma sono certo che prima o poi qualcuno troverà la definizione più appropriata. Ricordo un mio professore di Lettere alle medie che quando perdeva la pazienza sbottava furioso: "E ora ve ne state zitti e muti!". Dato che erano altri tempi, otteneva l'effetto desiderato. Oggi verrebbe picchiato o gli si tirerebbe in testa una sedia o magari gli si darebbe fuoco, e la scena opportunamente ripresa con un telefono cellulare sarebbe condivisa sui vari social, non solo per vantarsene tra bulli ma così da rendere più semplice il lavoro di identificazione dei colpevoli da parte delle forze dell'ordine. In alternativa, potrebbero intervenire direttamente i genitori: non per rimproverare i figli, ovvio, ma per finire il professore. Dire sempre: "Mio figlio? È un bravo ragazzo. Non ha fatto nulla di male".

NANI Al tempo della Prima Repubblica e del Partito Socialista si accompagnavano sempre alle ballerine. Oggi, benché ci sia chi in privato definisce così i propri figli o quelli altrui, usare questa parola è sconsigliato, anche nel caso ci si trovi al circo coi nipoti, dove comunque non ci si dovrebbe trovare visti i maltrattamenti inflitti agli animali. Tenere però a mente che questo, va da sé, non vale per i succitati Brunetta e Berlusconi, a cui perfino la Rai dedicò un simpatico programma intitolato *L'ottavo nano*. Esercizio mentale: immaginarsi un leader della sinistra basso, e una rete Rai in mano alla destra che intitoli così un programma farcito di sketch caricaturali su tale leader. Figurarsi anche le reazioni, le chat, i tweet, i commenti e gli editoriali.

NO VAX Sanno essere particolarmente virulenti nel momento in cui s'imbattono in un Pro vax, ma al momento non esiste un vaccino in grado di bloccarli. Vantarsi tra sodali di non aver vaccinato i figli. Stupirsi quando contraggono il morbillo o la meningite. A proposito di fiction, vantarsi anche sulla propria pagina Facebook di aver falsificato l'autocertificazione necessaria all'ammissione dei figli a scuola. Stupirsi quando in seguito a una segnalazione arriva la denuncia della polizia postale. Dire sempre: "Ma hai idea del potere delle case farmaceutiche?". Aggiungere: "Facci caso, i giornali non ne parlano mai, altrimenti perderebbero la pubblicità". Evitare di dare un'occhiata allo stipetto dove si tengono le medicine: già Alberto Sordi in *Il medico della mutua* – uscito nelle sale del nostro Paese nel fatidico 1968 – dipingeva gli italiani come "divoratori di ricette".

OBESI Nel momento in cui li si vede, fingere di non vederli, ma una volta accertatisi che loro non vedano, darsi di gomito strabuzzando gli occhi. Sottovoce, ricordare gli elevati costi sociali che comportano, sottolineando che gravano sulle spalle di tutti i contribuenti, magri compresi, anche se l'obesità grava innanzitutto sull'apparato osseo dei soggetti interessati, vedi in particolare le articolazioni degli arti inferiori, che dai cento chili in su attaccano a scricchiolare. Dire sempre: "Gli americani? Tutti obesi". Sbeffeggiare gli obesi di destra è lecito. Ricordarsi però di stigmatizzare chi sbeffeggiasse una donna, soprattutto se di sinistra. Elogiare la perdita di peso di Costantino della Gherardesca. Vedi CICCIA.

SORDI Come nel caso dei ciechi e presto anche dei muti, sono stati sostituiti dai "non udenti". A scuola, dunque, la classica domanda posta da certi insegnanti ad allievi disubbidienti o distratti "Ma sei sordo?" andrebbe riformulata come "Ma sei non udente?". Evitare di citare come al solito Nanni Moretti e il suo "Te lo meriti Alberto Sordi", perché in questo caso non è attinente.

STORPI Non sta bene chiamarli così, e tantomeno fare dell'ironia sul loro aspetto fisico, che ovviamente non dipende da loro. La sola eccezione consentita è come detto il succitato ex ministro per l'Istruzione pubblica e la Propaganda del Reich, cui ci si può tranquillamente riferire come a "quello storpio di Goebbels". Citare sempre: "Quando sento la parola cultura, porto mano alla pistola", anche se in realtà Goebbels non l'ha mai detto. Dire anche sempre, ostentando un sorriso beffardo: "E quello sarebbe stato un superuomo?". Chiedersi se si sarebbe fatta la stessa ironia sulla sua menomazione fisica nel caso Goebbels fosse stato membro della Rosa Bianca o di altra organizzazione antinazista.

TUMORI Non esistono più, non perché siano stati sconfitti dalla medicina ma perché lo sono stati dal linguaggio, sostituiti alla pari del cancro dalle "lunghe malattie" o al limite da "malattie incurabili". È tuttavia accettabile dire: "Se pigli ancora un po' di sole ti verrà un tumore alla pelle".

VACCINI La ragione di vita dei No vax: che senza di essi non esisterebbero e non finirebbero né sui social né sui giornali. Affermare: "Non sono altro che una fonte di guadagno per Big Pharma". Sottolineare: "Quello contro l'idiozia non esiste". Vedi NO VAX.

La razza

Oggi com'è noto le razze non esistono più. O meglio: al di là delle migliori intenzioni, continuano a esistere da un punto di vista sociale, ma non da un punto di vista biologico. "L'unica razza esistente," recita infatti un noto adagio, "è quella umana." Il problema è che bisognerebbe farlo capire, tra gli altri, a popoli che nulla hanno avuto a che fare con le teorie di Alfred Rosenberg o le riunioni del Ku Klux Klan, vedi per esempio i Tutsi e gli Utu. Non a caso Mark Twain sosteneva che non c'è alcun bisogno di sapere a quale razza appartenga un uomo, visto che appartiene alla razza umana, la peggiore mai venuta al mondo. Vale tuttavia la pena di sottolineare come le razze, al giorno d'oggi, non debbano più esistere solo per i bianchi. Per dire: quando Erykah Badu, cantante e musicista di origini africane, in un'intervista rilasciata nell'estate del 2009 dichiarò "Quando canto o incido un cd, sento la responsabilità di parlare per la mia razza", nessuno ebbe nulla da ridire. Ma immaginatevi le reazioni se quella stessa identica frase fosse stata pronunciata da una – o peggio un – cantante e musicista bianca/o.

Quando in Italia si parla di leggi razziali, si tende a dimenticare quelle della più grande democrazia del mondo, gli Stati Uniti d'America, Paese dove tali leggi sono entrate in vigore ben prima che nella Germania nazista o nell'Italia fascista per rimanervi fino alla fine degli anni Sessanta, e dove ancora oggi la stragrande maggioranza della popolazione carceraria è composta dai discendenti degli schiavi ivi deportati per un paio di secoli dall'Africa: per tacere della sorte atroce toccata ai pellerossa, prima sterminati e poi rinchiusi in riserve. A proposito delle leggi razziali promulgate in Italia dal Fascismo, citare sempre Giorgio Almirante, già segretario politico del Movimento Sociale Italiano e segretario di redazione della rivista quindicinale "La difesa della razza", edita a Roma negli anni che vanno dal 1938 al 1943. Meno citati, chissà perché, sono i nomi di Amintore Fanfani e Giorgio Bocca: e dire che entrambi, negli stessi anni, si occuparono dello stesso tema dallo stesso punto di vista di Almirante. Non furono i soli. Tra coloro che in gioventù si espressero in tal senso, esaltando la razza ariana oppure denunciando la minaccia del giudaismo e i pericoli del meticciato, ecco infatti Giovanni Spadolini o Benigno Zaccagnini. Mentre un insospettabile Paolo Emilio Taviani, poi Medaglia d'Oro della Resistenza, non si addentrava in questioni razziali ma redigeva uno studio intitolato Come il Nazionalsocialismo risolve il problema classista.

Per tornare ai giorni nostri, può capitare che un famoso premio Nobel per la Pace e bandiera dei diritti umani venga accusato di razzismo: è il caso di Aung San Suu Kyi, che nel Myanmar avrebbe discriminato la minoranza musulmana dei Rohingya. Oppure può succedere che un altro premio Nobel se ne esca con l'affermazione che in base a studi incontrovertibili le razze in realtà esistono: si tratta dell'inglese James Watson, genetista tra gli scopritori della doppia elica del Dna, che in un'intervista si spinse addirittura oltre, arrivando a sostenere la minore intelligenza dei neri rispetto ai bianchi. Comunque: di fronte all'avanzata della Lega, negli ultimi anni in Italia politici e intellettuali di sinistra hanno difeso a spada tratta l'integrazione e il multiculturalismo, lodando il melting pot e spendendosi a favore dell'accoglienza nei confronti dei migranti. Resta singolare il fatto che, avendo assecondato le richieste di banche e Confindustria e abbracciato il liberismo e la globalizzazione, proprio il tema dei migranti sia con l'antifascismo e i diritti civili tra le pochissime cose di sinistra rimaste tra gli argomenti della sinistra. Quanto alla Lega, da ultimo in Italia si è parlato di ritorno del Fascismo per via delle posizioni in tema di accoglienza dell'ex ministro dell'Interno Salvini, con la sua politica dei porti chiusi. Tale allarme non si è registrato tuttavia quando il suo predecessore Minniti ha stipulato con la Libia gli accordi che hanno permesso la creazione dei "lager" in cui chi tentava e tenta di raggiungere l'Europa veniva e viene rinchiuso, stuprato, torturato e ucciso. Pensate le reazioni se alla creazione di tali strutture avesse dato un contributo proprio Salvini. Dopodiché, forse esiste un oggettivo problema di smistamento dei migranti e dei profughi: perché dopotutto non è pensabile che l'Italia, geograficamente il primo approdo per chi arriva dall'Africa, ospiti da sola tutti coloro che fuggono da fame, guerra ed effetti dei mutamenti climatici, o che semplicemente hanno preso a modello il nostro stile di vita (letale per il Pianeta) e, correndo il rischio di aggiungersi alle migliaia che hanno fatto del Canale di Sicilia un cimitero sottomarino, sognano di potersi permettere i nostri stessi consumi.

AFROAMERICANI Sempre nel mirino della polizia Usa: basta che passino con il rosso, e spesso nemmeno quello, non soltanto sotto la presidenza Trump ma anche quando alla Casa Bianca sedeva Obama. Ricordarsi almeno in pubblico di non chiamarli "negri": lo stesso Obama è stato oggetto di critiche per aver pronunciato la "N-word" in un podcast, discutendo di razzismo in America. Vedi NEGRI.

AFROCENTRISMO Teoria in base alla quale in Africa è nato il primo uomo. Metterla in discussione sostenendo che in realtà si trattava di una donna, in attesa che qualcun* la rimetta in discussione sostenendo che in realtà si trattava di un/una LGBTQI, in attesa che qualcun altr* la rimetta in discussione sostenendo che in realtà si trattava di un/una soggetto/a polisessuale. In ogni caso, chiunque metta in discussione l'afrocentrismo in quanto tale è un fascista.

AIUTIAMOLI A casa loro. Anni fa era uno slogan della destra. Chiunque lo pronunciasse veniva subito etichettato come fascista. Poi le cose sono cambiate: a un certo punto lo ha affermato anche Matteo Renzi. Quindi forse per alcuni resta uno slogan della destra. Se lo fanno concretamente i volontari delle ONG recandosi in Africa, tutto bene. Se lo propongono da destra, si tratta invece di razzismo bello e buono. Anzi: brutto e cattivo.

ALBANESI Secondo non pochi italiani non solo leghisti, tutti sfruttatori e/o trafficanti di donne dell'Est e/o di stupefacenti. Per sottolineare che però non si hanno pregiudizi, dire: "Comunque non tutti gli albanesi sono delinquenti".

ANTISEMITI Lo sono naturalmente i nazisti e i neonazisti, compresi quelli dell'Illinois, ma anche tutti coloro che si permettono di criticare certe iniziative del governo israeliano – liberamente criticate in Israele da chi sta all'opposizione, visto che com'è noto Israele è la sola democrazia del Medio Oriente – o di mettere in dubbio che George Soros sia proprio solo un "filantropo", argomentando che dopotutto con il suo fondo Quantum nel 1992 fece cadere la lira speculando sulla nostra moneta come peraltro sulla sterlina. All'epoca, il Nostro ridusse il potere d'acquisto di milioni di persone e, da bravo speculatore, incamerò miliardi. Ma ancora nel 2003 ebbe a dichiarare: "L'attacco speculativo contro la lira fu una legittima operazione finanziaria". Sta di fatto che alla categoria "antisemiti" è stata peraltro iscritta d'ufficio post mortem e alquanto paradossalmente anche la scrittrice Irène Némirovsky, ebrea morta ad Auschwitz nel 1942. Nata a Kiev nel 1903 in una famiglia di banchieri ebrei, Irène Némirovsky ha conosciuto una postuma celebrità grazie al best seller *Suite francese*, pubblicato nel 2004. Dopo il successo di questo romanzo sono usciti tra gli altri: *David Golder*, *Il ballo*, *Come le mosche d'autunno* e *L'affare Kurilov*. Ebbene: uno dei critici letterari della "New Republic", la signora Ruth Franklin, ha scritto che "sin dall'inizio la sua fiction è intrisa di stereotipi antisemiti che più tardi diventano la sua caratteristica principale. I suoi libri sono popolati da una galleria di avidi prestasoldi ebrei, bassi, grassocci, dalla pelle giallastra e l'enorme naso adunco". Il romanzo *David Golder*, in particolare, mostra per Miss Franklin una indubbia "complicità con il degrado morale della cultura del tempo, che contribuì all'imminente genocidio". I biografi della Némirovsky, Olivier Phillopanat e Patrick Lenhart, hanno tentato di difenderla da queste accuse sostenendo che l'autrice "impiegava la satira autoironica, molto in voga tra gli scrittori ebrei del tempo". Inutile. "La Némirovsky è il classico esempio di ebreo che si odia in quanto tale," ha replicato Alice Kaplan su "The Nation". Dunque, Irène Némirovsky avrebbe meritato di sedere accanto a Ernst Kaltenbrunner tra gli imputati del processo di Norimberga, non fosse che giusto quattro anni prima era incidentalmente morta ad Auschwitz. Sta di fatto che poco prima di morire Vittorio Foa scrisse: "Non uno di quegli illustri antifascisti aveva detto una sola parola contro la cacciata degli ebrei dalle scuole, dalle università, dal lavoro, contro quella che è stata un'immonda violenza". L'elenco degli intellettuali che risposero con zelo al censimento per identificare gli ebrei che facevano parte delle Accademie e degli istituti di ricerca comprende per esempio Gianfranco Contini, Roberto Longhi, Nicola Abbagnano, mentre il giovane Giorgio Bocca scriveva a proposito dei pericoli del piano ebraico per la conquista del mondo a partire dai *Protocolli dei Savi Anziani di Sion*. Resta imperituro lo stupore di Winston Churchill: "Bizzarro popolo, gli italiani. Un giorno, quarantacinque milioni di fascisti. Il giorno dopo, quarantacinque milioni tra antifascisti e partigiani. Eppure questi novanta milioni di italiani non risultano, dai censimenti". Vedi ANTIFASCISTI.

BIANCHI Se europei o americani e per giunta maschi, sentirsi in colpa a priori per tutti i mali del mondo ed evitare di uscirsene in pubblico con battute che abbiano a che fare in qualche modo con i neri, i gay, i migranti, le donne e dio non voglia le femministe. Per fortuna, grazie ai fenomeni migratori presenti e futuri e al progressivo inarrestabile nonché auspicabile meticciato, se ne prevede con ragionevole certezza la prossima estinzione.

BOLOGNA Già soprannominata "la Dotta" per via della sua università, la città del Movimento non pare più quella di un tempo. In un servizio andato in onda nel luglio del 2018 su La7, i soci di un circolo anziani locale affermavano esplicitamente di non poterne più dei "migranti". E dire che facendo due calcoli, nel Sessantotto gli intervistati bolognesi dovevano avere avuto circa vent'anni. Ma nel Sessantotto a Bologna e nel resto d'Italia di migranti non ce n'erano: al massimo ci si poteva imbattere in qualche "terrone" immigrato dal Meridione. Sempre nella città felsinea ma più di recente, nell'agosto del 2019, la giunta Pd ha sgomberato con tanto di polizia e carabinieri in assetto antisommossa e ruspe (quelle tanto care a Salvini) lo Xm24 di via Fioravanti, un centro sociale nel quartiere della Bolognina, spazio pubblico autogestito dove invece i migranti erano va da sé benaccetti, nato all'epoca in cui la città era governata dal primo sindaco non comunista nella storia della Repubblica, Giorgio Guazzaloca. Stranamente, in questa occasione non si sono rilevati sulle prime pagine dei principali quotidiani nazionali vibranti "j'accuse" di fascismo nei confronti della giunta Pd. Pare tuttavia lecito chiedersi se le cose sarebbero andate allo stesso modo nel caso in cui a mandare le ruspe per smantellare il centro sociale occupato fosse stata un'amministrazione di destra.

BROWNFACE L'ultimo a suscitare scandalo in ordine di tempo per via di una foto del 2001 in cui all'epoca dell'università si era presentato a una festa a tema intitolata *Arabian Nights* con la faccia dipinta di nero e vestito da Aladino è stato Justin Trudeau, già acclamato anche in Italia dalla sinistra come una sorta di anti-Trump canadese, e pure belloccio. Immediate le reazioni scandalizzate da parte di esponenti della comunità islamica, tra cui il leader del partito Ndp: "Trudeau sta prendendo in giro qualcuno per come vive e per le sue tradizioni," ha detto, definendo il suo comportamento "offensivo". Poche settimane prima, in Italia, il soprano Tamara Wilson si era rifiutato di farsi truccare di nero per la sua parte nell'*Aida*, in programma all'Arena di Verona. Per tacere del film *Lezioni di cioccolato*, in cui Luca Argentero nei panni di un imprenditore ricattato da un migrante egiziano infortunatosi in cantiere – “Mi ero iscritto a un corso da cioccolataio, ora ho le braccia ingessate e non posso frequentarlo. Devi andarci tu al posto mio, così mi porti il diploma col mio nome e io smetto di lavorare in nero al cantiere e apro una pasticceria” – si traveste per l’appunto da migrante egiziano ricorrendo a lampade per scurire la pelle, capelli ricci, italiano zoppicante e assai accentato: per fortuna dei produttori, la pellicola è stata girata nel 2007. Oggi non sarebbe possibile. E perciò, anche a Carnevale, occhio a non offendere nessuno, perché si passa subito per razzisti sovranisti leghisti, dunque fascisti: basta con ’sti bambini vestiti e truccati da indiani d’America, e guai a quelli che alla pari di Trudeau volessero calarsi nei panni di un personaggio tratto da *Le mille e una notte*. I bambini bianchi scelgano solo personaggi bianchi: come nella Germania di Hitler. Ma nemmeno.

CARRETTE Del mare. Le si cita a proposito del traffico di “migranti”. Sono a tutti gli effetti più che altro bare galleggianti. Anzi, mezzi per il trasporto di morituri che una vera e propria bara non ce l’avranno mai. Chiunque adombri un traffico di esseri umani che in definitiva serve ad alimentare almeno in parte un’economia di filiera i cui terminali sono le cooperative che gestiscono l’accoglienza – in alcuni casi lucrandovi, stando alla magistratura – e/o la microdelinquenza – a cominciare dallo spaccio – è un razzista sovranista leghista, dunque un fascista.

CINGALESI Se siete alla prima uscita con una ragazza che vi piace e che si proclama di sinistra e non volete passare per razzisti sovranisti leghisti, dunque per fascisti, non c’è storia: i fiori dovete comprarglieli. Proporre al cingalese: “E se ti compro tutto il mazzo, quanto mi fai?”.

CLANDESTINI Dire sempre: “Siamo tutti clandestini”. Cercare di ricordarselo pure in spiaggia, anche se magari si sta litigando con il/la partner oppure cercando di fare un pisolino dopo che per tutta la notte la neonata prole non ha permesso a nessuno di dormire, alla milionesima offerta da parte del milionesimo venditore ambulante del milionesimo occhiale e/o cappello e/o telo da mare colorato. Evitare però di usare tale termine in un tweet contro Salvini, come ha fatto nel settembre del 2018 Debora Serracchiani, che peraltro già nel maggio 2017, quando era presidente Pd del Friuli-Venezia Giulia, dopo lo stupro a Trieste di una minorenne da parte di un rifugiato iracheno aveva commentato: "La violenza sessuale è un atto odioso e schifoso sempre, ma risulta socialmente e moralmente ancor più inaccettabile quando è compiuto da chi chiede e ottiene accoglienza". Invitata a lasciare il Pd per passare alla Lega, la Serracchiani è tuttavia rimasta dov'era, diventando anzi nel marzo 2019 vicepresidente del partito. Per quanto riguarda la variante rifugiati, comunque, pare che la loro presenza in determinati quartieri assai chic e molto per bene renderebbe questi ultimi un po' meno chic e un po' meno per bene. Almeno a Torino, dove nell'estate del 2009 venne reso noto il progetto di trasferire un centinaio di somali da Borgo San Paolo, quartiere che un tempo si sarebbe detto operaio, al ricco e alto-borghese quartiere di Borgo Po, abitato in precollina prevalentemente da professionisti e dove nelle ultime elezioni ha sempre vinto la sinistra. Tra coloro i quali aderirono al comitato spontaneo Borgo Po, proclamandosi contrari a ospitare i profughi e protestando anche in piazza, vi furono noti esponenti della sinistra cittadina ed ex appartenenti alla Lega delle Cooperative. Poi lo so, Christian Raimo a casa sua a Roma ospita due rifugiati. A cui va tutta la mia solidarietà.

EXTRACOMUNITARI Definizione ormai da tempo diventata a dir poco obsoleta, sostituita da "migranti" e/o "rifugiati". Nel caso ci s'imbatta in qualcuno che ancora la usa, etichettarlo subito come razzista sovranista leghista, dunque fascista e chiedere: "E come mai non la adoperi anche per gli svizzeri o per gli americani?". Dire sempre: "E per favore non chiamateli extracomunitari!". Avendo ormai una certa età, ricordo che intorno alla metà degli anni Settanta del Novecento a Grosso, il piccolo paese a venti chilometri da Torino dove vivevo, ogni estate passava un signore nordafricano, non saprei dire se tunisino o algerino o marocchino, carico di tappeti e cinture e portafogli e accendini. Lo si vedeva una volta l'anno, e ogni volta mio padre prima gli comprava un portafogli e poi lo invitava in casa a prendere un caffè. Il signore non parlava che poche parole di italiano, mio padre gli spiegava scherzando che non avevamo molti soldi dicendogli "Mafish sghei", ovvero mischiando un presunto arabo con un incongruo veneziano. Il signore e mio padre prendevano il caffè seduti al tavolo della cucina, si guardavano, sorridevano, parlandosi a gesti. Finito il caffè, il signore ringraziava portandosi una mano sul cuore e mio padre gli diceva "Salam aleikum", e allora il signore rideva mostrando i suoi denti marroni. Quando poi se ne andava, mio padre mi diceva: "Lo vedi, Beppe? Quel signore ha lasciato la sua terra come ho fatto io. Chissà quanto gli manca, e che fatica fa a trascinarsi dietro a piedi tutta quella roba". Un decennio dopo, quando vivevo già a Torino e al primo anno di università frequentavo i Murazzi, dove all'epoca era aperto un solo locale, il Doctor Sax, la sera con gli amici skin e punk andavamo lì ad ascoltare musica reggae. Al Doctor Sax si potevano incontrare i primi ragazzi africani arrivati chissà come in città, ed eravamo curiosi di conoscerli. Due anni più tardi feci il servizio civile presso l'Ufficio Stranieri e Nomadi del Comune di Torino. E quando il ministro Martelli fece la sanatoria per il permesso di soggiorno, l'ufficio venne letteralmente invaso da nordafricani che noi aiutavamo a compilare il modulo di richiesta. Venivano tutti dalle stesse zone del Marocco, della Tunisia e dell'Algeria, e c'era anche qualche egiziano. Gli africani dalla pelle color ebano erano rari. Poco per volta, in città non dovevi più andare a cercare chi era arrivato da lontano: per strada lo si percepiva che stava cambiando qualcosa. Stava cambiando Torino. Stava cambiando il mondo. Ma noi italiani non siamo cambiati granché: quando mio padre arrivò dalla Sicilia in Piemonte nel 1946, a Torino iniziavano a spuntare i primi cartelli che dicevano *Non si affitta a meridionali.* Quanto al famoso "Italiani brava gente", ce lo siamo sempre detto tra noi: per tornare a oggi, basti pensare ai pastori africani trattati peggio di animali in provincia di

Bari, dove due giovani stranieri schiavizzati passavano tutta la giornata sui campi, bevendo acqua sporca – quella dei maiali – e mangiando una sola volta al giorno, per poi concedersi poche ore di sonno in tuguri malsani. Vedi IMMIGRATI. Vedi MIGRANTI.

FONTANELLE In veste di sindaco di Ventimiglia, località balzata alle cronache per l'assembramento di migranti in attesa di passare nella Francia laica e repubblicana di Macron, Paese da cui vengono respinti, far smurare una fontanella all'ingresso di un parco perché usata da migranti e barboni per dissetarsi. Affermare: "Per motivi di decoro".

IMMIGRATI L'uso di tale definizione qualifica immediatamente come razzista sovranista leghista, dunque fascista colui o colei che l'ha pronunciata, per cui a meno che non si appartenga alle categorie di cui sopra occorre ricordarsi di adoperare sempre il politicamente corretto "migranti". Molti discendenti di siciliani o di calabresi o di pugliesi o di lucani o di campani trapiantati al Nord nel corso degli anni Cinquanta o Sessanta in quartieri come Mirafiori, la Bovisa o le Vallette spesso si ostinano ancora inspiegabilmente a dire di essere figli o nipoti "di immigrati", ma non importa. Dopo l'uccisione di una ragazza italiana a Macerata da parte di tre spacciatori nigeriani e il successivo ferimento di sei ragazzi africani da parte di un giovane italiano, l'estate del 2018 è stata contrassegnata da diversi ferimenti di immigr... pardon, di migranti, da parte di cittadini italiani, che si sono giustificati a seconda dei casi sostenendo che in realtà volevano centrare un piccione o semplicemente sparare un colpo in aria. Per mesi poi i commentatori hanno sottolineato il cambiamento in atto nel Paese, percorso da un'ondata di razzismo e alle prese con quello che veniva definito un vero e proprio "ritorno del fascismo". E dire che in precedenza in alcuni comuni governati dal centro-sinistra erano già stati varati progetti per "incentivare il rimpatrio definitivo di cittadini stranieri". È il caso di Rovigo, di Vicenza e anche di Pisa: dove per il "rimpatrio assistito" si sono spesi dai quattrocento ai mille euro a famiglia per chi decideva di tornare da dov'era venuto impegnandosi a non mettere più piede in Italia. Però non si ricordano in tali occasioni dichiarazioni o commenti o editoriali anche vibranti e va da sé indignati che abbiano messo in relazione tali provvedimenti con il "ritorno del fascismo". In pubblico, dire sempre: "Gli immigrati, chiedo scusa, volevo dire i migranti, sono per noi una grande ricchezza".

IRREGOLARI Ci si può riferire così ai migranti solo se razzisti sovranisti leghisti, dunque fascisti, suscitando la relativa indignazione. Che però viene suscitata, assieme allo stupore se non allo sgomento, quando a usare tale termine sia un esponente della sinistra, per esempio la Boldrini. Chiedersi se il mondo ideale, privo di frontiere e anche di documenti d'identità, non si scontri con il mondo reale. Vedi PASIONARIA.

ITINERANTI Termine a cui bisogna ricorrere nel caso si riferisca a coloro che un tempo venivano chiamati "zingari", specie se non si tratta di soggetti di etnia rom. Dire sempre: "Bisogna rispettare tutte le culture, anche la loro". Smentire il fatto che la cultura in questione potrebbe essere considerata secondo i parametri attuali un filo maschilista, visto che stando ai si dice pare tolleri in forma non episodica lo sfruttamento di donne e bambini costretti al furto e all'accattonaggio. Glissare anche sul fatto che secondo la cultura in questione è legittimo dare in sposa una figlia anche se appena dodicenne. Querelare infine chi sostenga che non poche ragazze/donne vengono sistematicamente ingravidate per poter commettere impunemente furti negli appartamenti, visto che la legge italiana impedisce la loro detenzione. A proposito di coloro che un tempo venivano chiamati "zingari", cosa che oggi si può fare solo in privato pena venire annoverati tra i razzisti sovranisti leghisti, dunque tra i fascisti – anche se personalmente ricordo come in Piemonte molti ex partigiani comunisti li definissero "singher" –, si è registrata una recente polemica dovuta al fatto che in un documento dell'amministrazione capitolina compariva la frase "di etnia rom" in riferimento ad alcuni alunni privi di Isee. Subito si sono levate vibrate prese di posizione va da sé indignate contro il Comune di Roma, retto al momento dell'accaduto da una giunta 5 Stelle. Il che però contrasta con l'assenza di reazioni registrata in un paio di episodi precedenti. Il primo, risalente al 2014, riguardava l'idea avanzata da Pd e Sel a Borgaro, comune della cintura torinese, di passare a bus separati per rom e italiani. Il secondo, più recente, ovvero dell'estate 2018, ha visto invece come protagonista il presidente della Circoscrizione 8 di Torino, anche lui del Pd, che aveva chiesto lo sgombero di alcune famiglie nomadi accampate nei pressi della sede della Circoscrizione del quartiere Lingotto, da lui presieduta. Le motivazioni riportate dai giornali: "Sporcizia e aggressioni, dipendenti spaventati". Sarebbe stato interessante vedere quali sarebbero state le reazioni se a proporre i bus separati e lo sgombero fossero state/i amministrazioni o amministratori di destra, per tacere va da sé se tali proposte fossero arrivate da Casa Pound. Evitare di commentare la notizia della madre sinti di un ragazzino di dodici anni che ha incitato il figlio con le parole "Picchiali più forte, dài! Dài! Ammazzali tutti!", riferendosi a due dodicenni della sua stessa scuola accusati dal pargolo del presunto furto di un braccialetto. Anche qui, immaginarsi le reazioni se a gridare "Dài! Ammazzali tutti!" al figlio "fascistello" fosse stata una madre iscritta a Casa Pound.

MAROCCHINATE Definizione affibbiata a numerose donne e adolescenti e bambine italiane nei giorni felici della Liberazione, quando venivano stuprate da truppe marocchine arruolate sotto le bandiere della Francia Libera del generale De Gaulle: vedi il romanzo *La ciociara* di Alberto Moravia e il film di Vittorio De Sica tratto dal medesimo. Ma un po' come nel caso delle vittime delle foibe, che per molti italiani sono com'è noto di Serie B, si ha la sensazione che anche qui ci si trovi in presenza di donne stuprate di Serie B. Quando si festeggia il 25 Aprile non le si ricorda volentieri, anzi in genere si fa finta di nulla, come se il fatto di essere state vittime degli Alleati anziché dei tedeschi implicasse il tacito accordo di non parlarne. L'unico a farlo, infatti, è stato proprio Moravia. Un po' com'è accaduto in Germania, dove per denunciare gli stupri etnici di massa commessi dai russi nella primavera del 1945, di cui furono vittime le berlinesi e in generale le tedesche dell'Est dagli otto agli ottant'anni, si è atteso ben più di mezzo secolo.

MAROCCHINI Lo sono per gli italiani tutti i nordafricani, anche se vengono in realtà dalla Tunisia o dall'Algeria. Chi voglia perpetuare la finzione secondo cui solo l'Uomo Bianco è razzista e nazionalista, eviti di chiedere a un vero cittadino marocchino che cosa pensa dei veri cittadini tunisini o algerini, e viceversa. Idem per quanto riguarda i già citati Tutsi e Utu. Su Instagram e simili, non sono pochi i Vip che specie d'inverno scelgono come meta delle vacanze proprio il Marocco. Ma nei loro post è rarissimo imbattersi in marocchini. Di recente, un maestro di scuola marocchino ha invitato via social (qui chiaramente antisocial) a decapitare alcune volontarie belghe impegnate a costruire una strada nel villaggio di Taroudant, perché nella calura dell'estate marocchina lavoravano in shorts e T-shirt. Il senatore Al El Asri, conservatore e filoislamista, ha sollevato il caso in parlamento: "Quando mai in Europa si fanno lavori di ristrutturazione in costume da bagno?". Fortunatamente, in solidarietà con le ragazze è partita una campagna sul web da parte di intellettuali e politici: marocchini. Non si sono registrate invece reazioni da parte delle femministe italiane del #metoo, che anzi in certi casi se la sono presa con chi ne aveva scritto, perpetuando così i noti stereotipi. Dire sempre: "Comunque non tutti i marocchini sono delinquenti".

MERIDIONALI L'allora parlamentare europeo della Lega Matteo Salvini, mentre scrivo ex ministro dell'Interno, venne immortalato anni fa in un video ancora reperibile su YouTube in cui cantava in quel di Pontida un simpatico coro da stadio: "Senti che puzza / scappano anche i cani / stanno arrivando i napoletani / son colerosi e terremotati / voi col sapone non vi siete mai lavati / Napoli merda Napoli colera". Ma la coerenza è la virtù degli imbecilli, come diceva Prezzolini e come sanno bene i fautori del cosiddetto Conte 2, il governo Pd-5 Stelle. Da qualche tempo in qua la Lega si presenta infatti come movimento sovranista, e uno dei suoi slogan è "prima gli italiani", il che presuppone che tra questi ultimi siano compresi anche coloro che risiedono da Brescia in giù, dove del resto la Lega ha raccolto recenti e per certi versi inspiegabili consensi: a Napoli c'è anche chi a Salvini, sceso in visita ai piedi di quel Vesuvio di cui tanti leghisti doc auspicavano e forse ancora auspicano l'eruzione, ha fatto addirittura il baciamano. Com'è noto, d'altronde, nel nostro Paese la memoria è merce rara. Solo nei primi anni Duemila, per dire, i consiglieri provinciali veneti della maggioranza di centro-destra, e dunque in prevalenza leghisti, ma anche della minoranza di centro-sinistra, toh guarda, votarono praticamente all'unanimità (26 su 27) contro la nomina nelle scuole di quella regione di nuovi presidi meridionali. Più di recente, invece, riferendosi a una signora milanese che non affittava a meridionali in un revival di quanto avveniva a Torino negli anni Cinquanta e Sessanta, così come riportato con tanto di file audio da una studentessa di Foggia, lo stesso Salvini l'ha definita "una cretina". Difficile, stavolta, anche per coloro come diceva Fantozzi "a sinistra del Partito Comunista cinese", non trovarsi d'accordo con lui.

METICCIATO Esaltarlo sempre. Proclamare: "Rifiutare il meticciato è da stupidi. Il meticciato è il destino che attende tutta l'Umanità". Citare il film *Indovina chi viene a cena?* con Spencer Tracy, Katharine Hepburn e Sidney Poitier. Aggiungere: "Siamo tutti clandestini". Cercare di ricordarselo nell'eventualità che un giorno la propria figlia torni a casa con il chador e comunichi di essersi fidanzata con un operaio egiziano e convertita all'Islam, o anche solo se si ha la fortuna di vivere in un quartiere multietnico ostaggio di spacciatori di origini africane: di recente a Torino, nei pressi della cosiddetta collinetta dello spaccio, ossia in pieno centro, in quel parco del Valentino già caro a Gozzano, c'è stato chi ha messo nottetempo un cartello stradale con su la faccia del boss Matteo Messina Denaro e la scritta: *Trust me, Italian pushers are bet-*

ter. Il cartello in questione è stato prontamente rimosso. Ma i pusher africani sono rimasti. Del resto, sono le famose leggi del mercato: se c'è un'offerta, bisogna che ci sia una domanda. E la clientela dei pusher africani del Valentino è tutta torinese doc. Tra coloro che si oppongono al meticciato, i sostenitori dell'esistenza del Piano Kalergi, teoria complottista secondo cui l'immigrazione sarebbe lo strumento per la messa in minoranza dei bianchi europei nel nostro Continente e per la disgregazione definitiva del tessuto sociale, con conseguente trionfo del libero mercato attraverso l'impossibilità di un qualsiasi movimento di ribellione di massa delle classi subalterne nonostante il progressivo abbassamento delle retribuzioni medie con relativo azzeramento dei diritti dei lavoratori, cosa già in atto da tempo grazie alle meraviglie della globalizzazione. Chiunque sostenga tale teoria è va da sé un razzista sovranista leghista, dunque un fascista. Dato che chi è a favore del meticciato è invece automaticamente a favore di tutte le minoranze, resta da vedere se sarà anche a favore dei bianchi europei il giorno non lontano in cui questi saranno inevitabilmente – vedi gli indici di natalità delle varie etnie – minoranza.

MIGRANTI Dire sempre: "Si dice migranti, non immigrati". Se necessario, specie in presenza di esponenti della Lega, scandire: "Mi-gran-ti!". Condannare duramente le posizioni di Salvini in materia, e in particolare i respingimenti delle navi delle ong non più autorizzate a usare i porti italiani all'epoca in cui l'ex ministro dell'Interno era ancora tale, affermando: "È il nuovo fascismo! Tra poco bisognerà tornare in montagna". Nel weekend tornare effettivamente in montagna, ma per una gita con sosta in un'osteria segnalata da Slow Food. Dopo pranzo, cantare *Bella ciao*. Postare sui social almeno un selfie in maglietta rossa. Restare basiti apprendendo la notizia che negli Usa Domingo García, tra i più influenti leader democratici di origini chiaramente ispaniche, ha affermato di non essere d'accordo con il suo partito quando propone di fornire l'assistenza sanitaria gratuita agli "immigrati clandestini", visto che moltissimi americani non ne godono. Insomma: un po' come se da noi un esponente di origini africane del Pd se ne uscisse con "Prima gli italiani". Se intellettuali di sinistra, mentre il Paese e il resto del mondo sono in piena crisi epidemica e a Bergamo e altrove il numero delle vittime cresce di ora in ora, stigmatizzare durante il quotidiano inglese "Daily Mail" perché colpevole di aver scritto che l'Italia era l'epicentro della "migrazione" del Covid-19. Sbottare: "Che linguaggio! Avrebbero potuto usare mille altre parole!". Non rendersi conto.

MULTICULTURALISMO È bello. Ultimo dogma. Destino dell'Umanità. In veste di intellettuali di sinistra, tesserne le lodi più sperticate. Evitare tuttavia di comprare casa nei quartieri periferici di Milano, Torino, Roma, Napoli, Palermo. E se in vacanza a Parigi, frequentare preferibilmente Saint-Germain-des-Prés o il Marais, place des Vosges e al limite Pigalle in luogo delle famose banlieue.

NAPOLETANI Sottolineare che non tutti sono camorristi. Purtuttavia, citare immediatamente Saviano e le serie tivù tratte da *Gomorra*. Citare anche il Salvini immortalato su YouTube mentre canta il coro da stadio di cui sopra. Dire sempre: "Mi chiedo come facessero/abbiano fatto/facciano a vivere tra i rifiuti". La mia prima volta a Napoli, ormai parecchi anni fa, coincise con un periodo in cui sui giornali si parlava spesso di omicidi di camorra. Al mio arrivo in hotel, chiesi all'impiegato alla reception: "Scusi, mi sa dire dov'è meglio non andare?". Lui si strinse nelle spalle, e rispose: "Mah, al lavoro, a scuola". Resta per me indimenticabile una visita al Duomo di Napoli in compagnia di Francesco Durante, autore per Neri Pozza di *I napoletani*. Come sosteneva Hitler prendendosi gioco di Himmler, quando i popoli del Nord vivevano ancora in capanne di fango i Greci già edificavano il Partenone. E quegli stessi Greci fondarono Napoli. Tra quei popoli del Nord, c'erano i Celti. Quelli della Padania, per capirci. Io i napoletani li adoro perché hanno inventato la Margherita, che amo. E poi per il loro amore per Maradona. E per la famiglia De Filippo. E per la pastiera. E per il Golfo. E per il Caffè Gambrinus. E per Castel dell'Ovo. E per le scalinate dei Quartieri Spagnoli. E per il film *Operazione San Gennaro*. E per via dei Tribunali. E per Giovanni Battista Pergolesi. E per quanto sono antijuventini.

NEGRI In Italia, certi calciatori vengono definiti così solo da frange di tifosi ovviamente "pseudo" della Società Sportiva Lazio o dell'Internazionale Milano o dell'Hellas Verona o del Cagliari o della squadra contro cui il Toro gioca il derby. Di recente, il commentatore di fede interista di un programma calcistico è stato licenziato in diretta per aver detto che per fermare Lukaku, attaccante da poco passato alla squadra nerazzurra, non bastavano dieci banane. Anni fa invece si è appreso con un certo stupore che anche Nathan Mayer Rothschild, celebre banchiere americano di origini ebraiche passato alla storia come capitalista illuminato e antischiavista, intratteneva proficui rapporti d'affari con i latifondisti dell'aristocrazia schiavista. Svariati sostenitori benestanti del centro-sinistra perfino accesi e noti come tali ne tengono in casa più esemplari in veste di servitori, pardon, domestici. Negli Stati Uniti, con l'avvento e i progressivi aggiustamenti del politically correct, si è passati prima a "neri", che però non andava bene perché sottolineava la differenza coi "bianchi", poi a "di colore", che però non andava bene perché di nuovo stava a indicare una differenza nei confronti dei "bianchi", per arrivare infine ad "afroamericani". Il problema, per noi italiani, sta nel fatto che definire "afroamericano" un nigeriano o un senegalese che non ha mai messo piede in America pare un po' stravagante. William Faulkner e il già citato Mark Twain, comunque, usavano come Vittorio Feltri il termine "negri". Dire sempre, meglio sottovoce: "Però lo senti che odore particolare che hanno?". Quindi fare una breve pausa, rendersi conto di ciò che si è appena affermato, e aggiungere: "Ma di sicuro anche noi abbiamo il nostro, per loro". Vedi AFROAMERICANI.

ONG Nel Mediterraneo provvedono a salvare con le loro imbarcazioni i migranti trasportati sulle "carrette del mare" dagli scafisti. Secondo Salvini, tali imbarcazioni sarebbero "taxi del mare". La chiusura dei porti che ne è derivata ha comportato non poche sofferenze alle persone in attesa di poter sbarcare dopo viaggi contrassegnati molto spesso da violenze, torture e stupri, ma a dirla tutta ha altresì ottenuto che dell'ospitalità dei nuovi arrivati si facessero in parte carico anche altri Paesi europei, che fino a quel momento avevano lasciato l'Italia sola ad affrontare una questione per una volta davvero epocale. Chiunque si azzardi comunque ad affermare che l'Italia non può essere lasciata sola ad affrontare una questione davvero epocale, spingendosi a sostenere che il nostro Paese non può ospitare tutti coloro che sono già arrivati, che arrivano e che continueranno ad arrivare dall'Africa, è naturalmente un razzista sovranista leghista, dunque un fascista.

PAKISTANI A Torino, nel giugno 2018, dalle parti di via Cecchi ossia nel quartiere Aurora, un quartiere di quelli dove si sente maggiormente il cosiddetto disagio, cittadini arrivati dal Pakistan hanno organizzato vere e proprie ronde contro i pusher nigeriani che stazionano ventiquattr'ore su ventiquattro lì e in corso Principe Oddone e nei giardini di piazza Alimonda. Inspiegabilmente, nessuno li ha definiti razzisti sovranisti leghisti, dunque fascisti. Vedi RONDE.

PELLEROSSA Definirli così significa passare per razzisti e dunque per fascisti. Si dice "nativi americani".

POPULISTI In quanto sovranisti sono anche razzisti e leghisti, dunque fascisti.

QUARTO MONDO Ha sostituito il Terzo, che evidentemente non bastava più. Intanto, la Nasa investe miliardi di dollari nella ricerca di un pianeta capace di offrire condizioni di abitabilità simili a quelle della Terra. E se spende tutti quei soldi, deve avere qualche buon motivo.

RAZZISTI Tali si sono scoperti a un tratto gli italiani già "brava gente", che proprio tanto brava a dirla tutta e fuori fiction tuttavia non erano, viste certe performance storicamente accertate negli anni Trenta e Quaranta del Novecento in Paesi come l'Abissinia e la Jugoslavia. Lo sono comunque stando ai maggiori quotidiani e ai siti "antifa" non solo va da sé tutti gli iscritti alla Lega o a Casa Pound e tutti gli Irriducibili della Lazio e tutti gli ultras del Verona, ma in generale chiunque si lamenti perché il proprio caseggiato o isolato o quartiere è controllato militarmente da pusher già migranti ma ormai stanziali, a meno che le lamentele non provengano da membri della comunità pakistana che pure loro francamente non ce la fanno più. Fingere in ogni caso che il razzismo sia una caratteristica solo occidentale e che non esista anche altrove, per esempio tra le popolazioni asiatiche o africane. Esprimere una condanna ferma e sdegnata in occasione di episodi che vedano coinvolti giovani maschi bianchi e definirli sempre fascisti o volendo anche nazisti, come per esempio nel caso famoso del Pigneto, quartiere di Roma dove anni fa venne etichettato così un tale che aveva sì menato un borseggiatore nordafricano ma caso strano votava Rifondazione Comunista e ostentava su un braccio un tatuaggio con la classica icona di Che Guevara. Dire sempre: "A questo punto dagli spalti dello stadio sono cominciati i soliti ululati e cori razzisti, e in base alle nuove norme l'arbitro avrebbe dovuto interrompere la partita. Probabilmente non l'ha fatto per evitare incidenti".

ROM Vivono spesso negli appositi campi. Sono oggetto di ricorrenti attacchi motivati dall'odio razzista. Le due etnie Rom Khorakhané e Daxikané da parte loro si detestano da secoli. Secondo alcuni, sarebbero maschilisti e imporrebbero alle figlie di sposarsi ancora bambine, e in certi casi manderebbero mogli e figli a chiedere l'elemosina o a rubare. Esigere il rispetto della loro cultura e delle loro tradizioni. Non sollevare mai la questione della condizione femminile e delle violenze nei confronti della donna tra i Rom, ma sollevarla con veemenza in merito a ciò che accade tra Hollywood e Cinecittà. Se si è subìto un furto in casa commesso da ladri rom, tenere presente che chiunque si lagni dei rom è automaticamente un razzista sovranista leghista, dunque un fascista. Vedi ITINERANTI. Vedi ZINGARI.

RONDE Se le fanno iscritti alla Lega Nord o a Casa Pound sono da stigmatizzare duramente, ponendo l'accento sui "rigurgiti fascisti" e ricordando che la Costituzione si fonda sui valori della Resistenza. Affermare: "Non ci faremo intimidire". Chiamare a raccolta il "popolo della sinistra". Se le fanno i sopracitati migranti pakistani esasperati dalla stanzialità di ex migranti attualmente pusher nigeriani, evitare qualsivoglia commento. Idem nel caso vengano fatte da appartenenti a un centro sociale okkupato nell'intento di scacciare con le buone o con le cattive i pusher già migranti ma ormai stanziali nei pressi del centro sociale okkupato medesimo, visto che nelle vicinanze ha sede anche una scuola elementare e che la presenza di pusher richiama spesso anche quella delle forze dell'ordine. Vedi PAKISTANI.

RUMENI Si dice romeni. Chiunque si ostini a usare la "u" è molto probabilmente un razzista sovranista leghista, dunque un fascista.

RUSSI Si dividono in due categorie: amici e nemici di Putin. Hanno sostituito i tedeschi sulle coste romagnole e si sono affiancati agli arabi su quelle sarde. Arrivano con un aereo ma ripartono con due, per via di tutta la roba griffata che si sono comprati. Dire sempre: "Comunque, dopo che è caduto il comunismo sono diventati tutti mafiosi". Usano adoperarsi per influenzare l'elettorato occidentale. Stigmatizzare duramente evitando di ricordare come l'elettorato occidentale sia stato influenzato più volte nel corso del dopoguerra, specie in Italia, in primo luogo dalla Cia e pure per mezzo della cosiddetta Strategia della Tensione realizzata anche attraverso le famose Stragi di Stato, i cui mandanti occulti non sono mai stati condannati. Denunciare i rapporti della Lega con i russi. Denunciare i rapporti della Lega con i russi vicini a Putin. Denunciare i rapporti della Lega con i russi vicini a Putin tra cui l'intellettuale sovranista e filosofo e ideologo Dugin. Evitare di invitare Dugin a un qualche festival o dibattito per non venire etichettati come razzisti sovranisti leghisti, dunque come fascisti.

SOVRANISTI In quanto populisti sono anche razzisti leghisti, dunque fascisti.

TERZO MONDO Non esiste più. È stato sostituito dalla dicitura "Paesi in via di sviluppo", o meglio ancora "emergenti". Dire: "Sai caro, mi piacerebbe tanto adottare un negretto". Fare subito ammenda: "Ops, volevo dire un piccolo africano".

ZINGARI Non esistono più, sostituiti dagli itineranti oppure dai Rom. Non citare mai il fatto che gli Usa adottarono leggi contro gli zingari ben prima della Germania di Hitler. Ricordare caso mai che i nazisti sterminarono nei loro campi anche gli zingari, e pure gli omosessuali, ma ricordarsi altresì di rimarcare sempre e subito che questo non significa sminuire in alcun modo l'unicità della Shoah. L'unico campo in cui si può ancora usare – beninteso il meno possibile e solo eufemisticamente – la parola "zingaro" è quello calcistico, e in un solo caso: ovvero qualora un giocatore non necessariamente di origini balcaniche cambi svariate volte squadra nel corso della carriera. Un tempo si poteva definire il tennista romeno Ilie Nastase "lo zingaro del tennis". Oggi si dovrebbe dire "il Rom del tennis". Da notare che nel 2010, commentando le misure di Sarkozy sui rimpatri forzati dei Rom, Nastase se ne uscì dicendo: "A chi non darebbe fastidio avere gente che ti pianta la tenda davanti a casa e passa il tempo a molestarti chiedendoti qualche spicciolo?", cosa per cui venne subissato di critiche. Citare sempre Kusturica e nel caso si organizzi un festival letterario o musicale o culinario invitarlo assieme a Moni Ovadia e ai Modena City Ramblers. Se questi sono già impegnati altrove, invitare l'Orchestra di Piazza Vittorio. Una volta si poteva invitare anche Giovanni Lindo Ferretti, dopo la sua svolta a destra e tradizionalista con tanto di intervista a "Rolling Stone" in cui dichiara di ammirare Giorgia Meloni è un po' rischioso. Prendere in considerazione l'ipotesi di boicottare Nicola Di Bari, autore della canzone *Il cuore è uno zingaro*. Idem per quanto riguarda Iva Zanicchi e la sua *Zingara*. Chiedersi se all'epoca i due brani avrebbero riscosso il medesimo successo intitolandosi rispettivamente *Il cuore è un Rom* oppure *Ragazza rom*. Vedi ITINERANTI. Vedi ROM.

Il sesso

Oggi come oggi, il sesso risulta accettabile solo se femminile, lesbico, omosessuale, transgender o ancora meglio LGBTQI. *Quello maschile è infatti fortemente discriminatorio nei confronti delle donne per il solo fatto di esistere. Del resto la stessa "o" finale del sostantivo maschile "sesso" in quanto a discriminazione la dice lunga, e chissà che qualcuno non se ne esca prima o poi con la proposta di passare a "sessa", o ancora meglio a "sess*". Per bonificare la lingua inglese dal sessismo, c'è chi nel frattempo ha cambiato il sostantivo "emancipated" con "efemcipated". E se non si capisce perché nessuno abbia ancora "pensato seriamente di sostituire la parola "manager" con "womager", Michela Murgia nel 2019 ha proposto di abolire il sessista "Patria" per passare al più paritario "Matria": e pazienza se esisteva già la Madrepatria.*

Dopo la bisessualità è intanto spuntata la polisessualità, mentre già si ragiona di un prossimo futuro in cui il sesso tra umani sarà un lontano ricordo, sostituito dalla tecnologia: in attesa di fare sesso coi robot, ci esercitiamo a fare a meno di ogni contatto reale con le RealDolls – a Torino di recente c'è stato chi ha aperto con alcuni esemplari di queste un vero bordello –, ma soprattutto via chat e tramite Skype. È infatti grazie ai social che è possibile praticare comodamente da casa un sex assolutamente safe, salvo imprevisti e complicazioni derivanti da una qualche imperizia nell'auto-bondage. Il sexting del resto è meno impegnativo del sesso praticato, e dal punto di vista dello storytelling esalta le più sfrenate fantasie: senza contare che se coinvolti in una chat con sconosciuti ci si può spacciare per Rocchi Siffredi o coniglietta di "Playboy". Nel reparto femminile c'è peraltro chi si cala così prepotentemente nel ruolo da usare il selfie con le orecchie da coniglietta anche nella chat scolastica masochisticamente messa in piedi dai genitori.

Avete presente i vecchi album di famiglia, con le foto in bianco e nero dai bordi seghettati? Provate a sfogliarli. Un tempo neanche tanto lontano i nostri avi tenevano alle apparenze e dunque si facevano immortalare con l'abito della festa e con pose improntate a una certa dignità, anche se poi i maschi della specie frequentavano bordelli con vere signorine anziché con le RealDolls. Oggi invece alla terza conversazione via chat ci si spedisce spensieratamente il selfie col culo di fuori: chi è senza peccato scagli la prima pietra. E volete mettere l'emozione di andare in edicola ancora minorenni e comprare "Playboy"? Adesso invece è tutto a disposizione, basta collegarsi ai siti giusti e si vedono numeri a colori di ogni tipo e categoria: un tempo ci si esaltava per un'areola, ora si sbadiglia davanti all'ennesima gang-bang. Cosa che a me fa venire in mente com'è cambiato il nostro rapporto con la musica in MP3 *rispetto all'epoca in cui si consumavano i solchi del 33 giri preferito, comprato a caro prezzo e magari pure d'importazione. Ma bando alla nostalgia, che davvero non è il caso.*

AIDS Prima di parlare apertamente di preservativi in classe, accertarsi che tra i genitori degli alunni non vi siano papisti, non solo lefebvriani ma anche ratzingeriani, se non perfino bergogliani. Nel caso si sia costretti per qualsiasi motivo a nominarli in pubblico, chiamarli "condom". Dire sempre: "Sia come sia, è un problema che riguarda tutti, non solo i fro... pardon, i gay". Se si ricopre la carica di presidente del Consiglio, evitare se possibile di raccontare barzellette attinenti.

ARCOBALENO Sfoggiare calzini in tema durante la campagna elettorale o comunque nei mesi che la precedono garantisce un certo numero di voti pescati all'interno della comunità LGBTQI.

ARIANA GRANDE Quando Fabio Volo ha detto in radio che fa video troppo sexy, umilianti per la donna, è subito scattata la classica campagna d'odio sui social. Quel Fabio Volo dovrebbe del resto essere in teoria lo stesso Fabio Volo che ha lavorato in tivù per reti su cui da decenni passano programmi non così distanti in fatto di tematiche e guardaroba dai video della popstar americana, senza che tuttavia il Fabio Volo radiofonico sentisse il bisogno di esprimere il benché minimo turbamento nei confronti di quanto il Fabio Volo televisivo non poteva non aver visto con i suoi occhi, se non dietro le quinte almeno sul piccolo schermo. Comunque Fabio Volo faceva il panettiere e a me sta simpatico.

ASIA ARGENTO Figlia d'arte. Esponente di spicco del movimento #metoo fino al giorno in cui il movimento medesimo non l'ha scaricata in seguito alle rivelazioni in merito a un suo presunto rapporto sessuale con un attore minorenne non consenziente. Tra donne, difenderla sempre e comunque a spada tratta e fare ironie e/o sarcasmo o meglio ancora attaccare violentemente tutti i maschi a cui sta anche solo un po' antipatica. Secondo un suo avvocato, pardon, una sua avvocata, non paga le parcelle agli avvocati nemmeno nel caso questi riescano a ottenere la tutela della di lei figlia, tutta una cosa tra donne insomma, che in teoria dovrebbe suscitare qualche reazione da parte delle donne, specie se femministe e pronte a prendere posizione per la tutela delle minori e riguardo alla retribuzione delle donne lavoratrici. Ma riguardo al caso specifico, da parte delle donne – specie se femministe – zero reazioni. Citare il fatto che in un film ha limonato con un cane, ma se donne e soprattutto se femministe, non commentare. Nemmeno qualora si sia pure animaliste.

ASTERISCO Lo si deve obbligatoriamente usare come segno grafico per mostrare a tutti che si è di sinistra e che dunque, rispettando le minoranze e le differenze, non si è razzist* sovranist* leghist* e tantomeno fascist* e non si fanno discriminazioni. Chi non usa l'* è almeno potenzialmente un fascist*. Chiunque osi addirittura criticarne l'uso lo è di sicuro. Chiedersi se oltre che nello scritto vada usato anche nell'orale così da non discriminare nessuno non solo quando si scrive ma anche quando si parla. Portare a esempio una frase come: "Car* compagn*", che pronunciata diventa: "Carasterisco compagnasterisco".

BANANA Dire sempre: "Ma tu l'hai letto *Cinquanta sfumature di grigio*?". Vedi BASTONE.

BASTONE Dire sempre: "Ma tu l'hai letto *Cinquanta sfumature di grigio*?". Vedi CEFALO.

BUCO In pubblico esiste solo quello dell'ozono. Tutti gli altri sono banditi dalla conversazione fra persone civili.

CAVOLO Nome comune di ortaggio, che tuttavia viene usato ormai da lunghissimo tempo, specie nel corso di conversazioni tra persone anche educate, in luogo di un'altra parola, vedi il caso della diffusissima frase "non ci ho capito un cavolo", o dell'epiteto "testa di cavolo". L'uso corrente, insomma, ha fatto sì che il cavolo diventasse sinonimo di. Interrogarsi: "Beh, se un giorno ce lo chiederà mica possiamo dirgli che è nato sotto un cavolo, no?".

CAZZO Si accompagna spesso alla figa, a cominciare dall'espressione: "Cazzo, che figa!". È alla base dell'antropocene fallocentrico. Sempre a proposito di storytelling, mi è capitato di conoscere donne molto orgogliose del loro essere donne e femministe, e va da sé giustamente sostenitrici del #metoo e dei danni dell'antropocene fallocentrico, che pur criticando duramente i maschi portatori per il solo fatto di essere tali – sostenendo che oltretutto ormai grazie alle moderne tecnologie non sono nemmeno più necessari per la produzione di esseri umani –, poi in privato se ne uscivano con affermazioni lì per lì un filo spiazzanti, almeno alla luce delle loro posizioni pubbliche, tipo: "Io lo venero letteralmente. Adoro prenderlo in bocca". Affermazioni a cui seguivano non di rado sia la spiegazione dettagliata della cosa in sé sia la relativa giustificazione ideologica: "È in quei momenti che una tocca la vetta del potere femminile". Con buona pace della buonanima di Margaret Thatcher.

CEFALO Dire sempre: "Ma tu lo hai letto *Cinquanta sfumature di grigio?*". Vedi MAZZA.

CHECCHE Non esistono più: sono state sostituite dai gay. Chi usa ancora questo termine è a seconda dei casi un fascista oppure un froc..., pardon, un gay autorizzato a chiamare così amici e fidanzati. Vedi CULATTONI.

COMPAGNA/O Tenere presente che dopo il processo al Mostro di Firenze non è simpatico usare nei confronti di chicchessia l'espressione "compagno di merende". L'unico termine consentito per definire il proprio/la propria marito/moglie fidanzato/fidanzata, si tratti o no di convivente, visto che non esplicita lo status, non incasella e dunque non discrimina. Di questi tempi, in ogni caso sempre meglio usare l'asterisco, come in: "Car* compagn*".

CUBA Dopo la morte di Fidel la si cita non più per ricordare la famosa crisi dei missili che portò il Pianeta sull'orlo della guerra nucleare o come simbolo della lotta all'imperialismo amerikano, ma solo per far notare che sotto il castrismo vi si sono discriminati i gay, o in alternativa come luogo tra i più frequentati da chi oggi pratica il turismo sessuale anche femminile. Non a caso, tra amiche reduci da una gita all'isola caraibica lo storytelling è spesso bollente. Inalberarsi comunque qualora i giornali se ne escano, peraltro erroneamente, con la notizia che Cuba sarebbe il Paese ospite di una qualche manifestazione culturale: dato che si tratta di un Paese in cui vige un regime intollerante, non se ne tollera la presenza. Lo stesso vale ovviamente per l'Iran.

CULATTONI Non esistono più: sono stati sostituiti dai gay. Chi usa ancora questo termine è a seconda dei casi o un fascista o un froc..., pardon, un gay autorizzato a chiamare così amici e fidanzati. Tuttavia, può anche trattarsi di Vittorio Sgarbi. Vedi FROCI.

DIVERSI Se da un lato nella narrazione corrente è positivo essere diversi e accettare i diversi e dichiararsi a favore di diversità e differenze, anzi addirittura rivendicarle, dall'altro non è accettabile dare in pubblico a chicchessia del "diverso", anche perché la diversità implica una normalità, e chi l'ha detto che debba esistere per forza una normalità? Ne consegue che spesso i cosiddetti diversi sono orgogliosi di essere diversi e rivendicano con forza la loro diversità, guai però a trattarli da diversi, perché in questo caso apriti cielo. Dire sempre: "Da parte mia rivendico con orgoglio e ribadisco con forza la mia diversità". Aggiungere: "Farò mia la battaglia per le toilette transgender". Colpisce il fatto che specie chi si proclama sempre e comunque dalla parte dei "diversi" non tollera opinioni diverse dalle sue. Vedi gli attacchi feroci riservati a Domenico Dolce e Stefano Gabbana quando hanno osato dirsi contrari alle adozioni gay e all'utero in affitto.

DOLCE&GABBANA Dichiaratamente gay, sono stati crocifissi e boicottati da molti gay quando hanno dichiarato di non approvare le adozioni gay e dopo aver definito "figli sintetici" quelli avuti tramite affitto dell'utero e della donna che ne è proprietaria. A stretto giro sono stati costretti a fare marcia indietro, perché chi si picca di essere alfiere della tolleranza è non di rado un tantino intollerante nei confronti di chi ha un'opinione diversa dalla sua. Di lì a poco la coppia di stilisti si è prodotta nella nota gaffe sulla Cina, con il relativo boicottaggio da parte dei cinesi. Ma se non altro i cinesi non hanno mai preteso di ergersi a portabandiera arcobaleno della tolleranza: sono gente seria e usano i carri armati, loro. Poi però ci mandano medici e mascherine per contrastare il covid-19, al contrario dei nostri simpatici vicini di casa democratici della Ue. Vedi ELTON JOHN.

DONNE In veste di consiglieri regionali della Lega della Regione Toscana, proporre di metterne un tot in vetrina così da "rilanciare il turismo". Come gruppo del medesimo partito, prendere le distanze sottolineando che proposte simili danneggiano "anni di battaglie leghiste per la valorizzazione delle eccellenze enogastronomiche italiane e toscane in particolare", sottolineando che riguardo alla donna "la Lega è in prima linea per difenderne dignità e diritti, sotto tutti i punti di vista, familiare, sociale e lavorativo". Dipende solo da dov'è nata la donna in questione.

DRAG QUEEN Organizzare col patrocinio del Comune un pomeriggio di "racconti senza barriere" dedicato ai bambini e alle bambine "con le drag queen Priscilla e La Notte Brilla", affermando che "le diversità sono una realtà inevitabile da riconoscere e rispettare". Respingere al mittente con la giusta dose di indignazione le opinioni di chi la pensa diversamente.

ELTON JOHN Grande amico di Lady D. Portabandiera con il nostro Nichi Vendola del diritto dei gay ad avere figli tramite affitto di un utero e della donna che ne è proprietaria. Non si registrano grandi proteste da parte delle femministe, sempre pronte a stigmatizzare l'uso maschile del corpo delle donne eppure nella stragrande maggioranza dei casi silenti o perfino consenzienti quando il maschio che lo usa è gay. Certo, il celebre slogan vintage "l'utero è mio e lo gestisco io" implica anche la facoltà di affittarlo. Ma chi lo affitta lo fa per libera scelta o perché costretta dalle proprie condizioni economiche? In tutto questo naturalmente manca il punto di vista dell'embrione, che un giorno sarà un/una bambino/a, anzi, bambin* in carne e ossa a cui bisognerà spiegare che sua madre l* ha cedut* dietro un compenso in denaro subito dopo il parto, firmando il relativo contratto prima ancora che venisse concepit*, a una coppia di facoltosi ma progressisti papà gay. Per fortuna, non mancano gli psicologi. Vedi DOLCE&GABBANA. Vedi NICHI VENDOLA.

ESCORT Figura destinata a entrare nei corsi universitari di Storia del Cinema grazie ai due *Loro* di Paolo Sorrentino. C'è chi la confonde con la cosiddetta ragazza immagine, e viceversa. Si rilevano peraltro casi in cui lei non vuole affatto passare per ragazza immagine, e casi in cui la ragazza immagine non desidera minimamente passare per lei. Può altresì accadere che registri video o audio all'insaputa dell'utilizzatore finale. Almeno una ha giurato in un recente passato di essere stata nel cosiddetto famoso lettone di Putin, dove però non c'era Putin. "Aida, tremila lire," esclama Bruno Cortona interpretato da Vittorio Gassman in *Il sorpasso* di Dino Risi (1962), riferendosi a una professionista dell'epoca. I nostri padri e nonni andavano il sabato sera ancora adolescenti o poco più "al casino", non solo a "far flanella". A Torino in via Conte Verde e dintorni c'erano parecchie case poi chiuse, e l'adiacente piazzetta alberata di largo IV Marzo diventava a partire dal pomeriggio del sabato un grande parcheggio di biciclette di onesti padri di famiglia. Famiglia che non a caso all'epoca reggeva. Poi invece è andata a puttane. Metaforicamente. Vedi PUTTANE. Vedi RAGAZZA IMMAGINE.

FICA È di uso corrente in Toscana, ma non solo. Una volta mi sono imbattuto in una ragazza che professandosi "all'antica" non tollerava l'uso di questo sostantivo. Da parte sua trovava che fosse volgare, e pretendeva che la si chiamasse patatina. Poi però a letto voleva essere... vabbè, lasciamo stare. Pura fiction.

FINOCCHI Non esistono più: sono stati sostituiti dai gay. Chi usa ancora questo termine è a seconda dei casi o un fascista o un froc..., chiedo venia, un gay autorizzato a chiamare così amici e fidanzati. Vedi FROCI.

FROCI Non esistono più: sono stati sostituiti dai gay. Chi usa ancora questo termine è a seconda dei casi o un fascista o un froc..., faccio ammenda, un gay autorizzato a chiamare così amici e fidanzati. Anni fa, l'onorevole Alessandra Mussolini dichiarò in tivù: "Meglio fascisti che froci". Resta peraltro insuperato il famoso "Questi vogliono fa' i froci cor culo degli altri", dell'indimenticabile Stefano Ricucci. Sia come sia: non mostrare stupore nel caso due gay si diano reciprocamente della zoccola. Vedi INVERTITI.

GAY Sostantivo di origine anglosassone diventato anche in Italia l'unico universalmente accettato per indicare quelli che un tempo si sarebbero comunemente detti "froci", "checche", "sorelle", "invertiti", "omo" e via di questo passo, oppure più tecnicamente "omosessuali", anche se perfino quest'ultimo vocabolo oggi è da evitare poiché discriminante. Anche se i gay spesso si chiamano tra loro proprio "froci", si sconsiglia vivamente di imitarli, così da non essere accusati di essere fascisti. Non a caso, anni fa l'ex sindaco di Roma Gianni Alemanno – già immortalato con tanto di ciondolo a forma di croce celtica al collo – si sentì in dovere di visitare il Gay Village di Roma dopo l'accoltellamento di una coppia di gay da parte di un certo Svastichella, adiratosi perché i due si baciavano in pubblico davanti a minori. Battersi o perlomeno dichiararsi favorevoli non solo per/al riconoscimento delle unioni gay ma anche perché alle coppie gay o perfino ai gay single venga riconosciuto il diritto di adottare figli o di affittare un utero e con esso di conseguenza la donna che ne è proprietaria è il solo modo accettato di affrontare codeste questioni: chiunque esprima dubbi a proposito è un maschilista tradizionalista se non direttamente un fascista. Citare il professor Umberto Veronesi, secondo cui in futuro non vi saranno più maschi in grado di procreare e l'Umanità sarà composta solo da ermafroditi, di modo che i bambini nasceranno grazie alla clonazione. Un bel progresso, senza dubbio.

GAY PRIDE È assolutamente necessario parteciparvi anche se etero, possibilmente travestiti da sexy-prete o da sexy-suora specie se a Roma, va da sé in tanga leopardato o con maschera di cuoio nero sado-maso e con il corpo interamente depilato e unto d'olio come solo i culturisti e agitando a più non posso falli fucsia e sculettando e mimando atti sessuali assortiti su un carro rosa a forma di culo mentre frustati da un mandingo a pois si inneggia in falsetto al già onorevole Vladimir Luxuria ballando frenetici sulle note di *La bambola* cantata da Patty Pravo assieme ad almeno quattro trans che slinguandosi ondeggiano a ritmo di samba, meglio se brasilian*, astenersi perditempo proverete emozioni forti. Se invece non partecipate alla manifestazione e vi imbattete in essa per puro caso e anziché unirvi al corteo decidete di cambiare strada, anche solo perché dovete andare a pagare la rata del mutuo e la banca sta chiudendo e non potete permettervi di aspettare il passaggio di tutti i carri con il relativo codazzo, siete intimamente fascisti. Se dichiarate in pubblico che secondo voi il Gay Pride è una carnevalata o simili, come fece per esempio Paolo Poli per cui il carnevale di Viareggio bastava e avanzava, siete intimamente fascisti. Se criticate il Gay Pride da omosessuali perché secondo voi non è di alcun aiuto per gli omosessuali, siete intimamente fascisti. Insomma: il Gay Pride è un potentissimo rilevatore di fascisti.

GENDER Durante una conferenza presso il Royal Institute, lo scrittore inglese Ian McEwan ha detto: "L'identità non si può prendere come in un supermercato delle identità personali, come se fosse un numeretto da indossare. Per esempio, alcuni uomini in pieno possesso di un pene ora si identificano come donne e chiedono di potersi iscrivere a università esclusivamente femminili e di cambiarsi nello spogliatoio delle donne. E c'è stato il noto caso di una donna bianca che si è identificata come nera". Sentendo queste parole, una delle donne presenti tra il pubblico gli ha chiesto di chiarire codeste dichiarazioni offensive sul diritto di scegliere il proprio sesso o la propria razza. "Sarò all'antica," ha risposto McEwan, "ma tendo a pensare che le persone in possesso di un pene siano uomini. So che entrano in un mondo difficile quando diventano transessuali e ci dicono che sono donne, che sono diventati donne." Il sesso, ha concluso il romanziere a proposito della teoria del gender insegnata nelle scuole del Regno Unito, "ha una base biologica, fa differenza se hai un cromosoma X o Y". Dopodiché, gli attivisti dei diritti umani lo hanno immediatamente accusato di "autoritarismo etico", e Stonewall, l'associazione che si batte per i diritti di omosessuali e transgender, ha intimato allo scrittore di scusarsi per le sue parole "nocive e pericolose". Naturalmente poi McEwan è stato costretto ad aggiustare il tiro, dichiarando che la biologia non è sempre un destino. Schierandosi poi apertamente contro la Brexit e dunque contro Boris Johnson, lo scrittore inglese ha comunque riguadagnato posizioni.

INVERTITI Non esistono più: sono stati sostituiti dai gay. Chi usa ancora questo termine è a seconda dei casi o un fascista o un froc..., mi cospargo il capo, un gay autorizzato a chiamare così amici e fidanzati. Vedi FROCI.

JEFFREY EPSTEIN Miliardario. Americano. Amico di Bill Clinton e Donald Trump. Ma anche di Andrea d'Inghilterra. Organizzava orge con minorenni reclutate attraverso una vera e propria tratta delle schiave sessuali. Scontava nella sua villa in Florida una lieve condanna che ad altri sarebbe stata comminata sotto forma di quarantacinque anni di carcere duro. Il magistrato che aveva stabilito una pena così clemente in seguito è diventato ministro sotto Trump. Clinton ha risolutamente smentito di essere a conoscenza delle sue attività illegali, anche se ospitato più di una volta a bordo del *Lolita Express*, il jet privato di Epstein su cui le minorenni venivano condotte sull'isola di sua proprietà. Lo stesso ha fatto Andrea d'Inghilterra, benché immortalato al fianco di una delle ragazze che oggi accusano Epstein. Da Buckingham Palace, non commentare.

LGBTQI Ogni tot vi si aggiunge una lettera, dunque nel momento in cui queste pagine andranno in stampa l'acronimo potrebbe essere obsoleto. Ricordarsi di usare sempre l'*.

LORO Traduzione italiana della newsletter THEM, rappresenta il modo politicamente corretto di riferirsi a persone che non desiderano essere inquadrate né come maschi né come femmine. Il/la/boh direttore/direttrice/boh di tale newsletter, Tyler Ford, si definisce "privo di genere" e portavoce degli individui "non binari", ovvero di coloro che nell'acronimo LGBTQUI stanno alla "i" di "intersexual", che al cinema come in letteratura non si sentono rappresentati e che legittimamente protestano per questo.

MAROCCO Ci si va in vacanza specie se gay a fare turismo sessuale, salvo dire in pubblico che semplicemente ha bellissime spiagge. Dire sempre: "È un posto stupendo, peccato che per strada quando vedono che sei occidentale tutti vogliono venderti qualcosa", che a pensarci bene è come dire: "Peccato che ci sono i marocchini". Prima di partire, nel caso si parta, chiedersi se anche lì metteranno in riva al mare dei séparé o degli igloo in plexiglas per evitare il contagio dalla nota pandemia. Vedi MAROCCHINI.

MASCHI Andrebbero aboliti, specie se bianchi e occidentali. Ma ci arriveremo. Quelli cosiddetti Alfa incarnano il Male Assoluto e sono colpevoli di tutte le sofferenze patite dall'Umanità nel corso dei secoli. Tra amiche anche fortemente critiche nei confronti del patriarcato e dell'antropocene fallocentrico, a un certo punto della serata lagnarsi perché "non ci sono più quelli di una volta". Vedi MASCHI ALFA.

MASCHI ALFA Il più noto non è l'americano George Clooney ma il russo Vladimir Putin. Se donne, disprezzarli. Tra amiche, però, specie se a Milano ma non solo, a un certo punto della serata lamentarsi: "Certo ragazze che qua ormai sono tutti fro... volevo dire gay". Ricorrere a un dildo a forma di pene Alfa.

MAZZA Dire sempre: "Ma tu lo hai letto *Cinquanta sfumature di grigio*?". Vedi PACCO.

MESTRUAZIONI Dire sempre: "In certi giorni". Se si vuole essere più espliciti, dire: "In certi giorni del mese". O anche: "Il ciclo". Fa eccezione il compianto Giorgio Faletti, a detta di alcuni critici anche importanti il più grande scrittore italiano, che in risposta a due traduttrici colpevoli di aver avanzato l'ipotesi che certe espressioni americane tradotte alla lettera in italiano, come per esempio "girare intorno al cespuglio" in luogo del nostro "menare il can per l'aia", facevano venire il dubbio che dietro il suo romanzo *Io sono Dio* ci fosse la traduzione di un ghost-writer, scrisse un articolo in cui regalava alle due signore l'epiteto "premestruali". In presenza di donne, specie se nervosette, evitare in ogni caso nel modo più assoluto battute sul tema e qualsiasi riferimento alle.

#METOO Espressione che, a posteriori, ad alcuni, è parsa davvero azzeccata in riferimento ad Asia Argento. Ma al contrario. Stigmatizzare duramente il comportamento di certi uomini che sfruttano le loro posizioni di potere per eccetera. Glissare sul fatto che certe donne sono consapevolmente disposte a tutto pur di eccetera. Stigmatizzare duramente non solo Harvey Weinstein ma anche Woody Allen e Roman Polanski. In veste di presidente di giuria della Mostra d'Arte Cinematografica di Venezia dichiarare che non si ha intenzione di assistere alla proiezione del film in concorso del succitato Polanski. Poi riflettere sul fatto che forse, dato che si sapeva che il film di Polanski era in concorso, si poteva rifiutare la carica di presidente di giuria. Prendere in considerazione l'eventualità di dare le dimissioni. Guardare il Lido e poi il mare e poi Venezia dalle finestre dell'hotel messo a disposizione dal festival. Quindi, benché a malincuore, ritrattare.

NICHI VENDOLA Tenere presente che se si azzardano dubbi o se addirittura si dichiara la propria contrarietà rispetto al fatto che per farsi fare un figlio ha affittato un utero e la donna che ne era proprietaria, si passa automaticamente per maschilisti tradizionalisti se non direttamente per fascisti. Vedi ELTON JOHN.

OMOFOBIA Va forte soprattutto a destra, ma non solo, visto che secondo Maksim Gor'kij l'omosessualità era "da estirpare", e che dalla Bibbia in poi trova numerosi consensi anche al centro. Un tempo, correva l'anno 1998 e si era al *Maurizio Costanzo Show*, Gianfranco Fini sentenziò che un uomo dichiaratamente omosessuale non poteva fare il maestro elementare. E dire che durante l'impresa di Fiume Gabriele D'Annunzio promulgò la Carta del Carnaro, che prevedeva il suffragio universale maschile e femminile, la libertà di opinione, religione e orientamento sessuale, la depenalizzazione dell'omosessualità, del nudismo e dell'uso di droghe. Ancora oggi, però, chi apprezzi il Vate è in odore di fascismo. Oggi va tacciato di chiunque usi in pubblico un termine diverso da "gay". Glissare sulla dichiarazione dello scomparso Ennio Fantastichini, Premio Flaiano e David di Donatello: "Gay io? Io sono frocio!".

PACCO Dire sempre: "Ma tu l'hai letto *Cinquanta sfumature di grigio?*". Vedi RANDELLO.

PALPEGGIAMENTI Stando alla Suprema Corte di Cassazione, palpeggiare le colleghe non è reato, quando l'atteggiamento è "scherzoso" e privo di "ebbrezza sessuale" o "intenti libidinosi". La sentenza, emessa a fine luglio 2009, ovvero una decina di anni prima del #metoo, scatenò naturalmente le proteste sacrosante di Telefono Rosa nella persona di Maria Teresa Moscatelli, presidentessa dell'associazione per la tutela delle donne, che stigmatizzò duramente la decisione della Corte. Tra amiche anche di sinistra e perfino femministe, magari impegnate nelle prove per la realizzazione di uno spettacolo teatrale d'avanguardia sui danni dell'antropocene fallocentrico, a un certo punto guardarsi in faccia e lamentarsi come sopra: "Comunque non ci sono più gli uomini di una volta". Negli Usa post #metoo, intanto, molti professori maschi rinunciano a prendere l'ascensore per evitare il rischio di condividere il viaggio con le loro studentesse.

PEDOFILI Se di mezzo c'è un prete, lì per lì si tratta sempre di un malinteso, al limite poi comunque il papa di turno chiede scusa. Infestano notoriamente le chat, ma se i figli stanno in chat almeno non rompono, quindi che stiano pure in chat visto che ultimamente chissà perché si sono annoiati sia della tivù sia della PlayStation. Ribadire ogni volta che la maggior parte dei casi di pedofilia si registra in famiglia, ma escludere a priori che ciò possa riguardare anche la propria. Di fronte a un caso di pedofilia, dire immancabilmente: "Queste cose sono sempre successe, solo che una volta non si sapevano". Citare l'esempio dei filosofi greci e degli antichi Romani, lasciando intendere di saperla lunga sulla relazione che intercorreva tra l'imperatore Adriano e il giovane Antinoo anche se non si è riusciti a finire il celebre romanzo di Marguerite Yourcenar. Chiunque dichiari di essere favorevole alla castrazione chimica come per gli stupratori è chiaramente un fascista. Augurarsi che i propri figli non siano mai vittime di un pedofilo o di uno stupratore.

PERVERTITI Lo sono in generale tutti i maschi, specie se bianchi e occidentali. Tra amiche lamentarsi del fatto che eccetera.

POLISESSUALE L'ultima frontiera. Poi resta solo "La Settimana Enigmistica".

PORNOGRAFIA In pubblico, stigmatizzarla duramente perché sfrutta il corpo della donna. Ricordarsi di cancellare dalla cronologia del proprio computer i siti visitati. Vedi YOUPORN.

PRESERVATIVI Non nominarli mai, soprattutto in presenza del papa di turno, che magari è molto più progressista del precedente ma sempre papa è. Usare in ogni caso la parola "condom". Dire sempre: "La diffusione dell'Aids nel mondo? È tutta colpa del Vaticano". Vedi AIDS.

PUTTANE Almeno a certi livelli è meglio parlare di escort, evitando anche di definirle prostitute. Ai livelli più bassi, amen. A Sheffield, di recente, le ragazze di uno strip club sono scese in strada per manifestare contro le femministe che volevano la chiusura del locale. Ad appoggiare le spogliarelliste, professoresse e studentesse della locale università. Ci sono del resto femministe a favore dell'utero in affitto, perché una donna deve poter fare del suo corpo quello che vuole, ma contro la prostituzione, perché la donna che si prostituisce è costretta a farlo da una serie di ragioni eminentemente economiche e il suo corpo viene usato dagli uomini. Ma le donne che affittano l'utero ai gay che vogliono diventare padri lo fanno gratis? E il loro corpo non viene usato da uomini? Dire sempre: "Il mestiere più antico del mondo". Fare una faccia convincente: "Chi? Io? Mai!". Vedi ESCORT. Vedi RAGAZZA IMMAGINE.

RAGAZZA IMMAGINE Sottolineare che non si è una escort. Dire sempre: "Il mio sogno? Lavorare in tivù". Vedi ESCORT. Vedi PUTTANE.

RANDELLO Dire sempre: "Ma tu lo hai letto *Cinquanta sfumature di grigio*?". Vedi SPRANGA.

RICCHIONI Non esistono più: sono stati sostituiti dai gay. Chi usa ancora questo termine è a seconda dei casi o un fascista o un froc..., aridaje, un gay autorizzato a chiamare così amici e fidanzati. Vedi FROCI.

SAUNA Specie se si riveste un ruolo istituzionale, sostenere che ci si trovava lì proprio solo per fare la sauna e che non si aveva la più pallida idea che si trattasse di un ritrovo per gay. Dire sempre: "Quest'anno se tutto va bene riesco a farmi una settimana di vacanza per conto mio in Marocco".

SPRANGA Dire sempre: "Ma tu lo hai letto *Cinquanta sfumature di grigio*?". Vedi BANANA.

TOPLESS Le donne possono nuotare così nelle piscine comunali di Barcellona, ma non in quelle di Malmö, benché fosse una locale organizzazione femminista a richiederlo, cosa poi approvata dall'amministrazione della città svedese. In molte infatti non lo fanno più, limitando di fatto la propria libertà, per "non urtare la sensibilità" dei cittadini di origine nordafricana. Sempre a Malmö, peraltro, Amanda Hansson, diciannovenne svedese alle prese con l'aumento delle temperature dell'agosto 2019, è salita sull'autobus in top e pantaloncini. L'autista l'ha fatta scendere a causa dell'abbigliamento succinto, ma stando alla sua testimonianza proprio i passeggeri musulmani hanno solidarizzato con lei. Sara Mohammad, musulmana e presidente dell'Associazione Femminista per la Difesa del Corpo delle Donne, ha dichiarato: "Nessuno, né un autista, né un marito, un padre o un fratello può dirci come vestirci. Il nostro corpo è nostro". Farlo sapere a tutti i mariti, padri e fratelli che la pensano diversamente: sono molti, pare.

TRANS Approfittare dell'ultimo scandalo politico-sessuale per invitarli in tivù in primetime o anche la domenica pomeriggio. Quando il trans di turno, alla domanda "Ma perché gli uomini la cercano?", risponde "Perché in me gli uomini trovano qualcosa in più rispetto a quello che può fare una donna. E poi sono carina, no?", ostentare un grande aplomb dinanzi ai propri figli in età scolare. A cui comunque vanno lette le fiabe trans di Vladimir Luxuria. Vedi DRAG QUEEN.

TRANSFOBIA Accusare della medesima la scrittrice J.K. Rowling in seguito ai suoi tweet in cui si è permessa di ironizzare sulla definizione di donna data dalla professoressa Marni Sommer in un articolo intitolato *Opinione: creare un mondo post-Covid-19 più equo per le persone che hanno le mestruazioni*. Avendo la Rowling scritto "Persone con mestruazioni. Sono certa che c'era una parola per definire questa gente. Qualcuno mi aiuti. Donnole? Dandole? Dinnole?", la comunità LGBTQI è insorta considerando tale tweet offensivo per i trans. Del resto, già in passato la scrittrice era stata oggetto di critiche feroci per essersi schierata a favore della ricercatrice Maya Forstater, licenziata per aver sostenuto che non è possibile cambiare il proprio sesso biologico. La Rowling ha spiegato di ritenere assurdo che le donne siano considerate transfobiche perché ritengono che la sessualità sia una cosa reale. Naturalmente non è servito.

TRANSGENDER Se si ha la fortuna di avere un figlio transgender è opportuno esaltare la cosa in pubblico, se possibile anche in tivù. I transgender sono fra l'altro l'ultima moda in fatto di figli e sono assai più popolari sia dei figli satanisti sia dei figli ultras, per tacere dei figli neonazisti. Resta il fatto che secondo molt* militant* LGBTQUI anche il termine in questione è troppo limitante: a scanso di discriminazioni ed equivoci, meglio usare "intersexual".

UTERO Proclamarsi contrari a quello in affitto equivale ad autodichiararsi maschilisti tradizionalisti e dunque intimamente fascisti. Dire sempre: "Embè? Che male c'è? Se lo ha deciso liberamente sono fatti suoi".

WEINSTEIN Bastava Lombroso.

WOODY ALLEN Stigmatizzare duramente il fatto che baciò la diciassettenne Mariel Hemingway sul set di *Manhattan*. Stigmatizzare altresì e ancor più duramente il fatto che abbia sposato una figlia adottiva. Dichiarare di non voler più girare film con lui, così da ottenere un mucchio di "mi piace" sui social. Chiedersi se l'artista debba anche sempre avere nel suo cv una comprovata condotta sessuale irreprensibile. Riflettere almeno un istante sulla propria. Sostenere da un punto di vista democratico, femminista e di sinistra che pubblicarne il libro e/o distribuirne il film veicoli il messaggio che "tutti possono continuare a stuprare tutti in libertà, purché vendano". Non rendersi conto.

YOUPORN Sostenere di non saperne nulla se non per sentito dire. Vedi PORNOGRAFIA.

La religione

*In nome della religione, nel corso della Storia sono stati commessi crimini atroci. Massacri di intere popolazioni, roghi di eretici e di streghe, torture da far impallidire gli specialisti della Gestapo e dell'*NKVD*: quel che ci ha appena fatto orrore dell'Isis non è che una replica dei metodi usati con altri mezzi e su vastissima scala dall'Inquisizione. Il fatto che la pace nel mondo sia messa in pericolo tra l'altro dal conflitto che dal 1948 a oggi vede contrapposti israeliani e palestinesi, ebrei e musulmani, è una cosa a cui ci siamo bene o male abituati. Intanto, l'arrivo in Europa di milioni di islamici con la relativa apertura di migliaia di moschee fa temere secondo alcuni la prossima islamizzazione del Vecchio Continente. Vedi Houellebecq. Insomma, altro che* 2001 Odissea nello Spazio*: siamo ancora alle prese con gente che si ammazza a partire da credenze di tribù desertiche mediorientali antecedenti non solo il Medio Evo ma addirittura l'Impero romano. Sia come sia, è stato proprio con il succedersi degli ultimi conflitti mediorientali che lo storytelling o se preferite le fake news e la fiction hanno conosciuto un successo mediatico esponenziale. "Ripetete una bugia mille volte e il popolo ci crederà," sosteneva non a torto il già citato dottor Goebbels, Magister Maximus della propaganda assurto a modello per l'ufficio stampa del Pentagono e non solo. E il profluvio di menzogne tracimato da quelle terre disgraziate ricorda il blob dell'omonimo film horror, tra armi di distruzione di massa mai ritrovate e dittatori o guerriglieri che prima facevano piuttosto comodo e poi invece no.*

ARABI In quanto islamici, tutti potenziali terroristi. Fatta va da sé eccezione per Magdi Cristiano Allam.

BUDDHISTI Sono pacifici e in genere non rompono i coglioni. I più fighi sono Roberto Baggio e Richard Gere. Vedi TESTIMONI DI GEOVA.

BURKINI Nella Francia laica e repubblicana, ricordare che il regolamento interno delle piscine non consente per motivi di igiene l'uso di costumi da bagno diversi da quelli tradizionali. Non sapere quale posizione prendere: a favore della laicità? A favore della liberazione della donna costretta a portare il burkini? A favore della donna che ha tutti i diritti di portare il burkini?

BURQA In Italia c'è chi s'interroga se sia più politicamente corretto dire che le donne islamiche devono poterlo portare "liberamente" nei loro Paesi e anche in Occidente, o se al contrario sia più politicamente corretto affermare che per la donna si tratta di un'imposizione e che dunque le donne islamiche devono lottare per ottenere la libertà di non portarlo, sottraendosi alle pressioni di padri e mariti e fratelli e parenti maschi. Alle donne bianche occidentali progressiste convinte che si tratti di un indumento identitario che le donne islamiche portano "liberamente", chiedere come si sentirebbero loro a girare così in città d'estate quando, complici i mutamenti climatici, a Milano e altrove il termometro supera i quaranta gradi. Nel succitato caso di Malmö, trecentomila abitanti di cui un terzo musulmani, le donne svedesi hanno fatto presente tempo fa di sentirsi meno disinvolte di prima se decidono di stare in spiaggia o di nuotare in piscina in topless per timore di offendere la sensibilità dei concittadini islamici. In precedenza tra l'altro i conservatori svedesi avevano tentato, senza riuscirvi, di vietare il topless medesimo proprio adducendo il motivo della convivenza tra differenti usi, costumi, culture, tradizioni e religioni. Meditare a lungo su quale sia la posizione più consona da un punto di vista di sinistra e femminista: vietare o non vietare il topless alle donne svedesi? Non sapersi decidere sulla questione. Tra maschi bianchi occidentali dirsi a bassa voce: “Certo che in spiaggia gira tanta di quella cellulite che di fronte a certi spettacoli uno preferirebbe il burqa”. Vedi CHADOR. Vedi VELO.

CHADOR Da donne di sinistra e femministe che spesso guardano con ammirazione alla laicità della République, esente dalle influenze sul costume che in Italia ha avuto storicamente la presenza del Vaticano sul suolo nazionale, restare perplesse di fronte all'atteggiamento della Francia, in cui alle studentesse è vietato di indossare il chador a scuola dopo una discussione protrattasi per anni a partire da un episodio avvenuto nel 1989, quando tre ragazze si rifiutarono di toglierlo e vennero espulse. È dal 2003 che la Repubblica francese proibisce l'ostentazione di segni religiosi nelle scuole e in generale negli edifici pubblici: per la legge di quel Paese, sono elementi di proselitismo. In Francia inoltre si ritiene che proprio la scuola debba insegnare l'uguaglianza tra uomini e donne. Qualche problema è sorto col divieto parallelo della kippah, che naturalmente ha subito suscitato accuse di antisemitismo nei confronti dei membri della Commissione sulla Laicità che si era occupata della questione. Ma per fortuna esistono le scuole ebraiche. Vedi BURQA.

CROCIFISSO In una repubblica che non fonda la sua autorità sulla religione, come accade invece nell'Iran degli ayatollah, andrebbe forse tolto dalle aule scolastiche. Ma se lo si toglie, è solo per evitare di offendere le religioni altrui. Vedi TU SCENDI DALLE STELLE.

DALAI LAMA Conferirgli la cittadinanza onoraria consente al sindaco della città conferente di apparire in tivù. E con una laurea honoris causa anche il rettore ottiene il medesimo ritorno d'immagine. In parlamento, riceverlo in stanze non di rappresentanza per evitare ritorsioni commerciali da parte del governo cinese, che di questi tempi nessuno può permettersi. Farsi fotografare con lui.

IMAM Predicano amore. Predicano odio. Vedi MOSCHEE.

ISLAM Secondo alcuni, l'unica altra entità oltre al nazifascismo a poter essere definita come Male Assoluto.

INTEGRALISTI Sono solo ed esclusivamente islamici. In Italia li si trova nelle moschee, ma anche per strada, dove la Cia se lo ritiene può rapirli. Specificare: "Si tratta di pericolosi integralisti". Aggiungere: "Ma questo non significa che tutti gli arabi siano integralisti".

IOR Affermare: "Papa Giovanni Paolo I? Se lo sono fatto fuori loro". Rimarcare: "Lo sanno tutti che investono in armi e preservativi". Concludere: "Se la Chiesa si disfacesse delle proprie ricchezze come san Francesco, risolverebbe il problema della fame nel mondo". Pensare seriamente di sbattezzarsi. Poi, visto lo sbattimento, non farlo.

KIPPAH Procurarsene una prima di partire per Israele. All'arrivo mettersela in testa a favore di fotografi e telecamere. Sempre con la kippah in testa e i fotografi e le telecamere al seguito, visitare il Museo della Shoah. Ancora con la kippah in testa affermare: "Il Fascismo è il Male Assoluto", malgrado poco tempo prima si fosse asserito che Mussolini era stato "il maggiore statista italiano di ogni tempo".

LEFEBVRIANI Evitare, ove possibile, di mettere in discussione la Shoah proprio all'indomani della prima apertura da parte del papa dopo la vecchia scomunica di monsignor Lefebvre e dei suoi seguaci. Pensarci due volte o anche più prima di dichiarare alla stampa, in occasione del Gay Pride di Stoccarda, che "I gay sono come le SS". Anche perché così, in un colpo solo, si offendono i gay, le SS ancora in vita e i rispettivi familiari. Stupirsi: "Sono stato frainteso".

MANGIAPRETI Convertirsi in punto di morte: non si sa mai, metti che poi esiste davvero. Ma Monicelli no.

MATRIMONIO Tra i testi pubblicati dall'attuale presidente del Consiglio Giuseppe Conte ce n'è uno intitolato *La simulazione del matrimonio nella teoria del negozio giuridico.* Quando si dice la persona giusta al posto giusto.

MOSCHEE Quelle aperte nel corso degli ultimi lustri in Europa sono pericolosi focolai di integralismo e dunque di terrorismo. Fare presente che non è simpatico presentarsi con dei maiali nel luogo dove in teoria dovrebbe presto sorgere una moschea. Nel caso si rivendichi il diritto di edificare una moschea da parte della comunità islamica, evitare di menzionare il fatto che in svariati Paesi islamici non è permesso costruire chiese, o semplicemente frequentare quelle già esistenti qualora ne siano mai esistite o ne esistano ancora. Dire sempre: "Bisogna rispettare le religioni di tutti". Stigmatizzare duramente Houellebecq anche se a dire il vero non lo si è letto.

PARROCI Il papa li ha invitati ad accogliere i migranti. Se invitati in tivù in quanto esponenti della Chiesa, rimbrottare gli autori del servizio che dimostra come parrocchie e altre strutture religiose di fatto molto spesso si rifiutino di accoglierli, perfino in Vaticano.

PRESEPE A scuola, meglio evitare. Dichiarare, stringendosi nelle spalle: "Abbiamo ritenuto più opportuno non farlo, per non offendere i bambini di altre religioni".

PRETI PEDOFILI In tutto il mondo i casi non si contano più. In veste di papa, chiedere scusa. Ma basta chiedere scusa? Chiedersi piuttosto: una qualsiasi organizzazione o setta che praticasse la pedofilia su vasta scala non verrebbe sciolta all'istante dalle autorità giudiziarie? Nei piccoli centri, scandalizzarsi nel caso salti fuori una tresca tra il parroco e la perpetua.

RABBINI Se proprio ci si deve lagnare dell'avarizia vera o presunta di qualcuno, riferirsi piuttosto agli scozzesi o ai liguri.

RUSHDIE È oggetto di una fatwa tuttora in essere da parte del governo iraniano per il suo libro *I versi satanici*. Tenere presente che invitare l'Iran in veste di Paese ospite a una manifestazione culturale dà inevitabilmente luogo a polemiche anche preventive e feroci, come nel caso di Cuba.

SUORE Far notare come ormai non solo a Roma vengano molto spesso importate dall'estero. Un tempo si pensava che portassero sfiga, soprattutto se al volante di una Prinz verde. Se superstiziosi contare sul fatto che oggi come oggi sono in costante diminuzione, mentre le Prinz verdi sono praticamente scomparse. Dire sempre: "E dai, non fare la suora". Esclamare con piglio deciso: "Vorrei che qualcuno mi spiegasse perché mai non possono dire messa". Sta di fatto che oggi come oggi sono le sole donne provviste di velo che non diano origine a dibattiti anche feroci e/o a editoriali anche lucidi e/o a discussioni anche accese. Pare che alle cene eleganti ci fosse chi si travestiva da suora. Ma si trattava appunto solo di cene eleganti.

TESTIMONI DI GEOVA Si attaccano ai citofoni. Citarli quando si vuole fare un esempio calzante se si vuole spiegare a un* stranier* il significato del termine "rompicoglioni".

TU SCENDI DALLE STELLE Farlo cantare in classe durante il periodo che precede le festività natalizie è sconsigliato, perché quegli altri sono sensibili e metti che restino scioccati o che come minimo si offendano. Si invitino piuttosto gli alunni a cantare un classico della canzone italiana come *Figli delle stelle* di Alan Sorrenti, oppure qualcosa di Jovanotti, per esempio il brano *Penso positivo* in cui a un certo punto parla della sua fede in una Chiesa in cui convivono Che Guevara e Madre Teresa, anche se poi forse si confonde e mette assieme Malcolm X, Gandhi e San Patrignano. Allora forse pensandoci bene sarebbero meglio i Jalisse.

VATICANO L'epicentro della cristianità. Sede dello Ior. Anni fa vi si suicidò una guardia svizzera, forse. Citare la morte misteriosa di Giovanni Paolo I. Se presidenti del Consiglio o della Repubblica mostrarsi debitamente emozionati quando ci si reca in visita su invito del papa di turno. Dopo i Lanzichenecchi capitanati da Georg von Frundsberg, solo Hitler accarezzò l'idea di sbarazzarsene, pentendosi in seguito per non averlo fatto quando nel 1943 se n'era presentata l'occasione. Se mangiapreti, sognare sogni in cui i cosacchi davvero abbeverano i cavalli nelle fontane di piazza San Pietro.

VATILEAKS Roma è invasa dai gabbiani che frugano tra i rifiuti. I corvi invece stanno tutti in Vaticano.

VELO Vedi BURQA. Vedi CHADOR.

La televisione

La fabbrica di fiction per definizione. Le Sturmtruppen di Bonvi la chiamavano "l'arma segreten del dottor Goebbels" perché una volta accesa non si spegneva più. In certi circoli, guardarla non va bene perché è trash. Ma non guardarla non va bene perché è snob. In un recente ventennio, in campagna elettorale si preferiva evitare l'argomento, così da non demonizzare l'avversario e consegnargli di conseguenza la vittoria su di un piatto d'argento. Una volta non demonizzato l'avversario e consegnatagli comunque la vittoria su di un piatto d'argento, si sosteneva di voler affrontare la questione, annunciando addirittura la stesura di un provvedimento che prevedesse per il prossimo futuro il divieto di candidarsi per chi fosse proprietario di televisioni. Poi, arrivati inopinatamente al governo magari senza passare per nuove elezioni, ci si dimenticava del provvedimento evitando di affrontare una volta per tutte il tema del conflitto d'interessi. In ogni caso, in veste di politici anche di sinistra, non rifiutare mai un invito da parte di Maria De Filippi. In veste di scrittori anche di sinistra fare lo stesso e spiegare il mondo ai giovani in uno dei programmi condotti da Maria De Filippi. All'ora dell'aperitivo o a cena con gli amici, dichiarare la propria passione per una determinata serie tivù. Analizzarla citando Popper. Dire "Ah, già, era Propp" se qualcuno fa notare che colui che si occupava di morfologia della fiaba in effetti era Propp. Tirare comunque dritto affermando che le serie tivù sono ormai la nuova frontiera della narrazione. Citare Game of Thrones. *Citare* Gomorra. *Invidiare Sa-*

viano nonostante viva sotto scorta. Non ammetterlo mai, almeno davanti agli altri.

AMICI Sostenere in pubblico di non averne mai vista una puntata, ma sapere tutto sulle vicende dei suoi protagonisti. Se qualcuno lo critica come modello culturale, ribattere: "Guarda che c'è andato anche Saviano".

BELEN Vedi FABRIZIO CORONA.

BESTEMMIE In tivù, dove in definitiva si può dire e fare e mostrare di tutto, non si possono proferire. In tivù si possono esibire cadaveri in decomposizione, ostaggi sgozzati, donne stuprate, donne che ballano nude, donne vestite ma senza mutande, donne che si contendono i favori di un tronista, donne che si insultano mentre si contendono i favori di un tronista, donne che insultano le donne che si insultano mentre si contendono i favori di un tronista, politici che vengono alle mani, cronisti che raccontano per filo e per segno le modalità anche scatologiche di delitti efferati sia all'ora di pranzo sia all'ora di cena. Però non si può assolutamente bestemmiare. Solo la pronuncia di una bestemmia fa sì che si chiuda immediatamente il collegamento. Solo chi bestemmia viene espulso dai reality. Dire piuttosto: "Maremma maiala".

BINGE WATCHING Un tempo per molti intellettuali, specie di sinistra, sarebbe stato riprovevole ammettere di avere trascorso un intero fine settimana davanti alla tivù. Oggi non più. Gloriarsi sui social per il fatto di essere reduci da un weekend in cui si sono viste anche tutte le puntate della serie tivù preferita.

BLOB Il solo programma che si può ammettere di guardare tra snob, oltre va da sé all'ultima serie tivù già "di culto".

CHE TEMPO CHE FA Se facenti parte dell'ufficio stampa di una casa editrice, mettere in conto che l'autore del libro in uscita pretenderà di andarci: qualsiasi autore, di qualsiasi libro. Cercare di spiegare all'autore che in Italia vengono pubblicati più di sessantamila libri all'anno, e che pur mettendocela tutta è impossibile convincere Fazio a intervistare i relativi autori, vista anche la durata del programma. Come ultima carta, giocarsi la seguente scusa: "Comunque non fa più vendere come una volta".

CORTEGGIATRICE Constatare con stupore che non si registrano manifestazioni femministe davanti agli studi di registrazione del programma che le ha create e nemmeno dichiarazioni veementi da parte delle esponenti del #metoo. Vedi TRONISTA. Vedi UOMINI E DONNE.

DAZN Irridere coloro che vi si sono abbonati per via del calcio. Cercare di scroccare un invito a casa di costoro per vedere la partita della propria squadra. Abbonarvisi.

FABRIZIO CORONA Vedi BELEN.

MARIA DE FILIPPI La donna più potente della tivù. Sostenere di non guardare i suoi programmi. Se invitati, andarci.

MASTERCHEF Sostenere di non guardarlo, ma fare di tutto per riuscire a prenotare un tavolo da Cracco o da Cannavacciuolo.

MEDIASET In campagna elettorale, affermare da sinistra di voler risolvere una volta per tutte il conflitto d'interessi. Poi, una volta arrivati in un modo o nell'altro al potere, non farlo.

MENTANA L'unico italiano a non lamentarsi del fatto che il Paese è da decenni in continua campagna elettorale. Famoso per le sue maratone televisive in cui si dimostra capace di coprire senza cedimenti gli exit poll, i risultati parziali e poi i definitivi. Tra i pochi ad avere accettato un invito da parte di Casa Pound.

PORTA A PORTA Sostenere di non guardare il programma condotto da Bruno Vespa, ma sapere chi erano gli ospiti e che cosa hanno detto. Citare il plastico della mamma di Cogne, che però in realtà era quello della casa della mamma di Cogne.

RAI TRE Vi si annidano pericolosi "cumunisti". Ha ospitato programmi di satira politica in cui certi potenti di destra venivano irrisi anche a partire dal loro aspetto fisico. Stigmatizzare duramente chiunque irrida chicchessia a partire dal suo aspetto fisico, specie se il bersaglio è una donna di sinistra.

SANREMO Vi si tiene il Festival omonimo della Canzone Italiana, durante il quale tutti i più importanti organi di informazione del Paese non fanno altro che aggiornare gli italiani sulle canzoni in gara e le inevitabili polemiche tra gli artisti partecipanti: magari in Cina scoppia quella che da lì a poco si rivelerà una pandemia mondiale capace di mietere innumerevoli vittime, far crollare le Borse e precipitare nella recessione l'economia nazionale, ma le prime pagine della carta stampata e dei siti web dei maggiori quotidiani e i principali notiziari televisivi e le più seguite trasmissioni radiofoniche ritengono più opportuno occuparsi della lite tra due noti cantanti oppure della questione femminile sul palco allestito nel teatro della ridente località ligure a partire dal fatto che il presentatore uomo ha dichiarato che le vallette donne "stanno un passo indietro", scomodando fior di firme per gli inevitabili commenti. Il tutto va avanti per giorni e giorni, calamitando l'attenzione di milioni e milioni di italiani che seguono con trepidazione la reunion tra Al Bano e Romina Power o i Ricchi e Poveri e fanno il tifo per Morgan o per Bugo, commuovendosi per l'ospite di turno che ogni anno è tenuto a raccontare tra una canzone e uno sketch qualcosa di "sociale". Polemizzare sul compenso per Benigni. Citare Pier Paolo Pasolini: "L'Italia è un Paese ridicolo e sinistro".

SERIE TIVÙ Non guardarle significa per gli adulti ritrovarsi tagliati fuori dai discorsi degli altri adulti alla pari dei bambini a cui non è consentito stordirsi coi cartoni animati, che si ritrovano tagliati fuori dai discorsi degli altri bambini. Vedi BLOB.

SKY I mariti vi si abbonano per via del calcio. Le mogli per via delle serie tivù e dei film e dei talent show culinari. Le donne infatti sono multitasking. Se ultras, esporre lo striscione che recita *Questo calcio ci fa skyfo*. Vedi MULTITASKING.

TALENT SHOW CULINARIO Inveire contro, citando tra l'altro anche i bambini che muoiono di fame in Africa. Poi però guardarli in cerca d'ispirazione per la prossima cena con gli amici.

TRAVAGLIO Il solo essere vivente in Italia che in pubblico possa dichiararsi di destra senza beccarsi automaticamente del fascista. Dire sempre: "Travaglio? È documentatissimo". Dire anche sempre: "Travaglio? Un talebano". Dire sempre e comunque: "Travaglio? Un moralista". Ironizzare: "Questo non è altro che moralismo alla Travaglio". Quando ci si accinge a scrivere un editoriale o un commento, ricordarsi che nella stragrande maggioranza dei casi il sostantivo "moralismo" si sposa alla perfezione con l'aggettivo "peloso". Una volta ho incontrato Travaglio in aeroporto ma era perfettamente rasato.

TRONISTA Trattasi non di fabbricante di troni ma di occupante dei medesimi. Tenere tuttavia presente che non è il caso di dare del tronista a un monarca britannico o scandinavo o perfino monegasco, specie in presenza di guardie del corpo che conoscano l'italiano. In generale, se si sta parlando di tivù sostenere di non sapere che cosa siano i tronisti, sottintendendo che non si ha certo tempo da perdere per guardare determinati programmi. In ogni caso inveire contro, malgrado dei medesimi si ammirino segretamente abbronzatura, muscoli e depilazione.

UOMINI E DONNE Programma altamente educativo in cui viene sviscerato da esperti qualificati il rapporto tra i sessi. Vedi TRONISTA.

VELINE In un recente passato hanno rappresentato un obiettivo per molte under 20, un aggettivo (s)qualificativo per altrettante over 40. Negli ultimi anni, il termine in questione è diventato al singolare sinonimo di fidanzata o moglie o concubina di calciatore, al pari di "letterina" o "meteorina" e simili. Poi però si è passati all'inglese "wag". Anni fa, specie in veste di insegnanti di Lettere, si scuoteva la testa: "Oggi tutte le ragazze sognano di fare la velina". Si faceva una breve pausa, poi si aggiungeva: "E tutti i ragazzi, il calciatore". Oggi, invece, le cose sono migliorate, perché le ragazze sognano di fare le influencer e i ragazzi gli youtuber.

YOUTUBER È, alla pari dell'influencer, il nuovo terziario avanzato.

Lo shopping

Inutile girarci intorno: è la nuova religione e, nel contesto della fiction in cui siamo immersi, la sola cosa per cui valga la pena vivere – esclusi naturalmente i viaggi. Oggi lo si fa sempre più online, dopo essere passati in negozio e aver provato quaranta paia di scarpe senza comprarne nemmeno uno, perché in rete si risparmia. Per non farci sentire troppo in colpa, dovrebbe essere ecosolidale, biologico o meglio ancora biodinamico, anche se naturalmente gli acquisti si sarebbero dovuti mettere nei sacchetti di carta un po' prima che la plastica finisse per occupare uno spazio di svariati chilometri quadrati nel bel mezzo dell'Oceano Pacifico, come per esempio in Germania o in Svizzera, dove da decenni per non inquinare il mondo c'è gente che addirittura si rifiuta di comprare perfino l'automobile, cosa chiaramente ridicola agli occhi di noi italiani. C'è da dire che da quelle parti la rete dei trasporti pubblici funziona un filo meglio rispetto alla nostra. Comunque: fino a poco tempo fa, gli italiani che si trovavano a passare per la Svizzera o la Germania erano abituati a darsi di gomito per via dei costumi bizzarri di quei popoli. Ormai da decenni infatti gli svizzeri e i tedeschi fanno la raccolta differenziata e riciclano tutto il riciclabile, per strada hanno perfino i cestini per la raccolta delle deiezioni canine. Risultato: al di qua delle Alpi le ironie sulla pulizia della Svizzera e della Germania si sprecavano. Oggi che il Pianeta è in pericolo e che a Roma, Napoli, Palermo e altrove abbiamo sperimentato la famosa emergenza rifiuti, i nostri vicini di casa ci paiono forse meno ridicoli.

Per restare a Basilea e dintorni, non tutti sanno che per risparmiare e per non inquinare, gli svizzeri dispongono in genere di una sola lavatrice per condominio, situata nel seminterrato e utilizzabile a turno da tutti i condomini. Qualcosa di inimmaginabile in Italia, il Paese con il maggior numero di telefoni cellulari pro capite al mondo. Da noi il telefono cellulare viene regalato dai genitori ai figli anche in tenera età. Esso serve infatti soprattutto per tenersi in contatto con i figli medesimi, che una volta raggiunta l'adolescenza molto spesso se ne stanno all'interno di un centro commerciale davanti alle vetrine di un negozio di telefoni cellulari o di cover per telefoni cellulari. È infatti all'interno dei centri commerciali che spesso i nostri pargoli si danno appuntamento nel tempo libero. Alla pari dei coetanei americani, che vagano lungo i corridoi di mall giganteschi tra montagne di merci malgrado dopo l'ultima recessione non possano più comprare alcunché con la carta di credito ricevuta in dono da papà, nel frattempo ritirata dalla banca a fronte dell'insolvenza del titolare. D'altronde, per la nostra civiltà i centri commerciali sono l'equivalente delle piramidi egizie o toltече, o se volete del Partenone. Al popolo non ci si rivolge più con il vecchio "cittadini", ma con il semi-nuovo "consumatori". Siamo così diventati il famoso "popolo dei consumatori".

AMAZON Sfrutta i dipendenti che devono rispettare tempistiche e turni controllati da appositi braccialetti elettronici degni del Grande Fratello, per tacere delle tempistiche cui sono soggetti i corrieri, e con la sua politica dei prezzi e degli sconti danneggia editori e librai indipendenti. In veste di scrittori, dire in pubblico che i libri si comprano nelle librerie indipendenti. In privato, ma solo se costretti, ammettere: "Beh, sì, sai, anch'io, a volte...". Della multinazionale e delle sue politiche inerenti al mondo del lavoro e ai diritti (?) dei lavoratori si è occupata di recente la Cgil del nuovo segretario Landini, ma non il Pd, che in teoria sarebbe l'erede di un partito fondato da un certo Antonio Gramsci ma ha ben altro a cui pensare.

A Torino, significativamente, l'edificio dove viveva e lavorava Gramsci è stato riattato e trasformato in un hotel di super lusso.

BOICOTTAGGI Un tempo c'era chi li praticava contro i simboli del consumismo e dell'imperialismo americani, tipo la Coca-Cola. Ma si tratta di un'altra era geologica: basti pensare che c'erano ancora il Muro di Berlino e il Partito Comunista Italiano. Oggi al massimo c'è chi si ostina a rifiutarsi di comprare su Amazon o di farsi consegnare la pizza a domicilio. Protestare debolmente: "Ma io non so cucinare...".

CATENE Deprecare con le amiche la scomparsa dei piccoli esercizi commerciali. Poi precipitarsi da H&M o da Zara.

COCAINA In un recente passato perfino Carla Bruni ha ricevuto un richiamo ufficiale da parte del governo della Colombia, che le ha comunicato come il popolo colombiano si sia offeso perché nel testo di una sua canzone citava una non meglio specificata "bianca colombiana". In effetti, associare la cocaina alla Colombia è un po' come attribuire l'invenzione della pizza agli eschimesi. Da qualche lustro, ad ogni modo, la cocaina detta anche "bamba" o "bonza" o "bianca" o "neve" o "farina" o, chiedo scusa anticipatamente al governo di Bogotá, turbo-polvere colombiana, è senza dubbio fra i prodotti che incontrano il maggior favore tra i consumatori italiani e no. Citare la notizia secondo cui a Roma è stata rilevata la presenza di cocaina nell'aria. Dire sempre: "Una volta era una droga per ricchi, oggi la usano anche i camionisti". Al posto di "camionisti" è possibile citare anche gli "idraulici", i "muratori", gli "operai", i "politici", le "ragazze immagine", gli "studenti delle medie inferiori" e via dicendo. Sta di fatto che oggi come oggi è l'ingrediente indispensabile di ogni festa che si rispetti. Un tempo era considerata una droga di destra, "dannunziana", e dunque, da sinistra, disprezzata in quanto tale. Ma si tratta di categorie novecentesche, che oggi non hanno più ragione di esistere.

DATTERI Sono divisivi. Ci si divide infatti tra coloro che ritengono sia cosa buona e giusta mangiare i datteri specie se prodotti in Israele e coloro che ritengono sia cosa buona e giusta mangiare i datteri purché non prodotti in Israele.

E-BAY Vi si trova di tutto, dai pezzi mancanti della Lego alla propria bicicletta rubata alle posate di Eva Braun. Chi dopo esservisi iscritto si imbatte in simboli nazisti è tenuto a denunciarlo. A meno che non vi si sia iscritto perché in cerca di simboli nazisti. In ogni caso mettere le mani avanti (anche per evitare le manette): "No, macché, la politica non c'entra, sono un semplice collezionista".

ECO-COMPATIBILE Tutto ciò che si ha in casa o si indossa dev'essere eco-compatibile. Evitare di buttare il resto ma, se proprio si deve, seguire i princìpi della raccolta differenziata. In ogni caso, cercare di riciclarlo anche solo a Natale sotto forma di regalo a persone che di eco-compatibilità se ne fregano. Dire sempre: "Mah, quella Greta secondo me è manovrata". Di fronte alle immagini dell'ennesimo ghiacciaio o iceberg che si scioglie, ammettere: "Di questo passo, se non facciamo tutti qualcosa nel nostro piccolo, il mondo finirà". Invitare figli, amici, conoscenti e colleghi di lavoro a usare un bicchiere d'acqua per lavarsi i denti anziché tenere aperto il rubinetto, e spiegare loro che è meglio fare la pipì nella doccia. Poi prendere l'aereo e per scacciare i brutti pensieri e rilassarsi fare una bella vacanza in una qualche località esotica, anche per vedere la barriera corallina prima che sparisca a sua volta. Vedi ECO-FRIENDLY.

ECO-FRIENDLY Lo è soprattutto una bomba messa a punto anni fa dagli americani, in grado di eliminare qualsiasi forma di vita umana senza però inquinare l'aria, così da permettere di respirare senza problemi alle proprie truppe una volta scese sul terreno. Vedi ECO-COMPATIBILE.

E-COMMERCE La morte del piccolo commercio e dunque anche della vita di quartiere. Deprecare la chiusura di tanti negozi, poi però fare acquisti su Amazon. Se proprietari di un esercizio commerciale, fissare una tariffa di dieci euro per chi desideri provarsi un capo d'abbigliamento o un paio di scarpe, e dedurre la cifra nel caso si concretizzi l'acquisto.

ECO-MOSTRI Stigmatizzarli duramente, ma se certi costruttori fanno una donazione alle casse del partito evitare di prendere serie misure al riguardo.

ERBA Chi non la fuma e per giunta non è antiproibizionista ha qualche problema, anzi è un fascista. Vedi MARIA.

GLOBALIZZAZIONE Anche da sinistra, esaltarla sempre. Abbracciare senza se e senza ma le posizioni neoliberiste e scrivere editoriali appassionati argomentando che in realtà soltanto grazie a essa si potranno eliminare le diseguaglianze e sconfiggere la povertà e la fame nel mondo. Lavarsi la coscienza dando la mancia ai rider che in cambio di compensi ridicoli e senza diritto a mutua, ferie pagate e pensione consegnano la pizza o il sushi a domicilio.

GRAND THEFT AUTO Una volta assecondati i desideri della prole, sostenere a cena con amici che comunque ormai i bambini in genere, o almeno i propri, sono molto molto intelligenti e sanno perfettamente distinguere fra gioco e realtà, e anche se in quel particolare gioco bisogna calarsi nel ruolo del delinquente è appunto solo un gioco e anzi serve come sfogo. Chiamare la guardia medica quando i figli hanno le convulsioni e cominciano a parlare come Linda Blair in *L'esorcista*. Chiamare anche lo psicologo. Poi lo psichiatra. Quando i figli prendono la patente, trascorrere le notti in piedi pregando che tornino a casa sani e salvi. Dire sempre: "Sai, l'altro giorno l'ho provato anch'io. Ti dico che è fatto da dio, è impressionante". Quando si parla di videogiochi, citare sempre Ammaniti.

IKEA Vantarsi anche sui social per essere riusciti a montare senza troppi problemi la libreria Billy. Poi usarla per qualsiasi cosa tranne che per metterci i libri. Pare che il fondatore avesse simpatie per i nazisti. Ma vuoi mettere quanto si risparmia?

INFLUENCER Spiegano sui social quale borsa abbinare alle scarpe e come si mette il fondotinta. Diventarlo è il sogno di ogni adolescente. La più celebre è Chiara Ferragni, moglie di Fedez, madre di Leone. Il primo a citarla in letteratura nominando il suo sito The Blonde Salad sono stato io nel romanzo *Venere in metrò*, uscito nel 2012: Gaia, la protagonista, non varcava la soglia della sua cabina armadio prima di aver compulsato il sopracitato sito per comporre l'outfit più adatto al momento della giornata. Sognare di seguire le sue orme facendo un mucchio di soldi e comprando case a Los Angeles e Milano. Girare un documentario sulla sua storia. Se padri di famiglia al passo coi tempi o tradizionalisti, a seconda dei casi indicarla come modello o scuotere la testa sconsolati.

LEGO Ha annunciato che entro il 2030 non produrrà più mattoncini di plastica. Solo che non ha ancora trovato il materiale con cui produrrà i nuovi mattoncini.

MARIA Vedi ERBA.

MCDONALD'S Parlarne male ma poi portarci i figli per le feste di compleanno. Se Black Bloc, prenderli d'assalto. Dire sempre: "Comunque adesso fanno anche le insalate". Se in ansia per il futuro del Pianeta, sentirsi dire: "Lo sapete quanto inquinano le flatulenze delle mucche?". Nella periferia di Marsiglia, a Saint-Barthélemy, nell'estate del 2018 è stata la sinistra a battersi per evitare la chiusura di un locale appartenente alla catena: era un luogo di ritrovo che salvava i figli dalla criminalità, e per giunta al suo posto sarebbe stato aperto un ristorante islamico. Chiedersi quali sarebbero state le reazioni se la medesima presa di posizione fosse stata assunta dalla Le Pen, o se in Italia in un caso analogo l'avesse assunta Salvini.

OGM Accertarsi che fra gli ingredienti dei cibi comprati al supermercato non vi siano ogm, pur consapevoli che nessuno può garantire la veridicità di quanto riportato dalle varie etichette, peraltro spesso quasi illeggibili a meno di avere totalizzato undici decimi all'ultima visita dall'oculista. C'è comunque chi sostiene che gli ogm sono dannosi e che diffondere questa convinzione sia cosa buona e giusta, e chi giura che gli ogm fanno benissimo e che al contrario sia cosa buona e giusta propagandare questa certezza, anche perché "Solo grazie agli ogm potremo davvero sconfiggere la fame nel mondo". Se si fa notare che caso strano la fame nel mondo è lungi dall'essere sconfitta malgrado gli ogm, ci sarà sempre uno che vi risponderà: "E per forza, è tutta colpa di chi rifiuta la diffusione degli ogm", mentre un altro vi dirà: "E per forza, è tutta colpa di chi accetta la diffusione degli ogm". Se a un tratto uscendo dalla doccia notate che vi sta crescendo un terzo orecchio su una spalla, non preoccupatevi: potete sempre sperare di venire esposti in un museo d'arte contemporanea o usati per un'installazione. Chiedere: "Ma vi sembra normale mangiare le fragole a dicembre?". Aggiungere: "Pensa che in Giappone hanno creato i pomodori quadrati".

ORMONI Stigmatizzare l'uso che ne fanno palestrati e culturisti. Citare il caso delle donne dell'atletica leggera che diventavano uomini ai tempi della Ddr. Li si ordina dal macellaio per non dire "testicoli di toro". A proposito dei comportamenti un filo sopra le righe tipici dell'adolescenza, stringersi nelle spalle: "Che ci vuoi fare? È una questione di ormoni". Quando si entra in classe, aprire le finestre.

PASHMINA Indossare senza ostentare, con grande disinvoltura. Dire sempre: "Bella, vero? Me l'hanno regalata".

PLAYSTATION Condannarla sempre in pubblico rimpiangendo "i sani giochi di una volta". Poi in privato usarla compulsivamente con la scusa di voler capire che gusto c'è. Dire sempre: "Ma tu te li ricordi i primi videogiochi? Com'è che si chiamava quello con le lineette che ci si giocava a tennis? Pong? Sei sicuro?".

POMPELMI Vedi BOICOTTAGGI. Vedi DATTERI.

PSICOFARMACI Negare di farne uso anche in presenza di testimoni che potrebbero smentirvi. Dire sempre: "Chi? Io? Mai presi". Dire anche: "No, guarda, io la depressione non ce l'ho". Avvisare: "Per me questa sera niente alcol, grazie". Implorare: "Dottore, scusi sa, ma mio figlio è ipersensibile, ipercinetico, iperattivo, insomma non ce la faccio più a stargli dietro. Potrebbe prescrivergli qualche psicofarmaco?".

RACCOLTA Dovrebbe essere sempre differenziata. Quando non ci si riesce, o semplicemente non si ha voglia di farla, stringersi nelle spalle: "Tanto poi mischiano tutto".

SACCHETTI Devono essere sempre di carta o biocompatibili. Se si incontra un amico o un conoscente che regge fra le mani un sacchetto di plastica, affermare spudoratamente: "Ah, io sono anni che mi porto da casa sempre lo stesso".

SLOW FOOD L'unico marchio visto di buon occhio anche dai No logo nonché geniale mossa di marketing. Ciò nonostante, se per molti il movimento fondato da Carlo Petrini è da elogiare perché sposa la tutela del paesaggio, la salvaguardia delle tradizioni e la salute del Pianeta, per altri è da condannare perché opponendosi alla globalizzazione si oppone alla modernità e dunque è intimamente reazionario, anzi fascista. Vedi Francesco Merlo in *FAQ Italia* (Bompiani), dove si legge che "C'è molto dello Strapaese fascista nella saccente, querula retorica del cibo povero che, per fortuna, è stato almeno trasformato in un impero internazionale, una potente holding, grazie all'intelligenza, all'intraprendenza e alla simpatia di un italiano di terra, Carlo Petrini. Ma il suo Slow Food è un'ideologia reazionaria". Discuterne seduti a una bella tavola imbandita con prodotti di stagione a chilometro zero. Dire sempre, anche nel caso in cui non si sia mangiato proprio benissimo: "Beh, questi sì che sono i sapori di una volta. Del resto ho prenotato qui perché era segnalato da Slow Food".

SMARTPHONE Affermare risolutamente: "Mio figlio? Per averne uno dovrà aspettare il suo primo stipendio". Poi però comprarglielo. Se lo si usa – anziché per chattare o per fare compulsivamente acquisti online o per bazzicare social e siti porno – per una telefonata senza auricolari, non riuscire a bloccare sul nascere il timore di un tumore al cervello. Scacciare il pensiero dicendosi che anche l'acqua che beviamo e l'aria che respiriamo eccetera.

SOLDATINI Non sta bene innanzitutto regalarli ai bambini, ma anche collezionarli. Gli adulti che si ostinano a regalarli ai bambini e a collezionarli sono tutti fascisti. Dire sempre: "Con tutte le guerre che ci sono al mondo, non capisco quelli che ancora comprano soldatini ai bambini".

La famiglia

Oggi come oggi la famiglia ideale, quella che rientra almeno nei canoni dello storytelling, non prevede più una mamma e un papà, concetti ormai obsoleti, tradizionalisti, leghisti, sovranisti e dunque intimamente fascisti, ma corrisponde a quella formata da Genitore 1 e Genitore 2. Ancor meglio se si tratta di due transgender, lei un ex lui e lui un'ex lei, conosciutisi nei bagni di un autogrill mentre andavano al Gay Pride, che dopo essersi regolarmente sposati hanno dapprima tentato la procreazione assistita per poi affittare un utero olandese o canadese e la sua proprietaria.

La famiglia un tempo considerata normale, invece, non ha più motivo di esistere, e se esiste ancora è ormai in linea di massima allargata, non di rado sia da parte di madre sia da parte di padre, spesso con aggiornamenti che si ripetono a intervalli più o meno regolari dall'una come dall'altra parte, il che comporta per forza di cose uno sforzo di elasticità mentale e in determinate situazioni una certa dose di aplomb. Mi spiego. Se insegnanti, non fare caso se certi bimbi, quando a scuola gli si chiede come si chiamino i nonni, fanno un po' di confusione o proprio non sanno più che rispondere. Anche perché un conto è ricordarsene quattro, di nonni, e un conto è ricapitolarne otto o più: dipende dal numero delle relazioni intraprese dai genitori all'indomani del divorzio o della separazione. Il o la Genitore 1, infatti, oggi fa sempre in modo di far conoscere alla prole la sua "nuova fidanzata" o "nuova compagna". La o il Genitore 2, da parte sua, ribatte presentando a sua volta il "nuo-

vo fidanzato" o il "nuovo compagno". Ecco dunque inevitabilmente anche i "nuovi nonni", ma con loro molto spesso pure i "nuovi fratellini" e le "nuove sorelline", e di conseguenza i "nuovi cuginetti" e le "nuove cuginette", e ancora i "nuovi zii" e le "nuove zie". E dato che non è detto che le nuove relazioni durino nel lungo periodo, occorre poi moltiplicare e resettare il tutto. Si consiglia perciò, così da evitare gaffe, di non dare mai nulla per scontato. E di non stupirsi troppo se un seienne è già in cura dallo psicologo o in lista d'attesa dallo psichiatra.

È finito per sempre il tempo in cui si poteva dire con un buon margine di certezza che "di mamma ce n'è una sola". Oggi si dice casomai "di Genitore 1 ce n'è un sol*". In veste di insegnanti, infine, ponderare se sia il caso di dare il tema intitolato "Descrivi la tua famiglia". Anche se poi è da componimenti così che talvolta si scoprono casi di incesto o di prostituzione minorile.*

ADOLESCENTI Sempre affetti da disagio adolescenziale. Tale disagio si esprime oggi attraverso comportamenti diversi ma compatibili rubricati dai giornali e dalle tivù come "atti di bullismo", fra cui l'incendio dei capelli di un compagno di classe anche non "diversamente abile" ma magari "migrante", il pestaggio di un compagno di classe "diversamente abile" o comunque "sfigato", lo stupro di gruppo di una compagna o di un compagno di classe, il palpeggiamento di una professoressa provvista di tanga ben visibile anche durante le ore di lezione, l'aggressione non solo verbale nei confronti dell'insegnante colpevole di aver dato un voto sotto la sufficienza, l'allagamento o la demolizione di classi singole o di intere scuole, la tortura di piccoli animali domestici e no, dal gatto al riccio alla lumaca, così da divertirsi la sera specie in periferia ma non solo. Gli adolescenti afflitti da "disagio" ma provvisti di telefono cellulare amano filmare queste loro manifestazioni per poi caricare il tutto su YouTube, nella speranza di finire sui giornali e in tivù e diventare famosi come i loro coetanei che danzano, ballano, recitano e litigano da *Amici*, salvo poi venire convocati nella più vicina stazione dei carabinieri, mentre nelle stesse ore Bruno Vespa convoca Crepet. I Genitori 1&2 degli adolescenti affetti da disagio adolescenziale non di rado reagiscono con un'alzata di spalle o dichiarando agli organi di informazione: "Mio figlio è un ragazzo normale", o anche: "Mio figlio? È un bravo ragazzo". Talvolta aiutano i figli, nel senso che aspettano all'uscita da scuola l'insegnante reo di aver dato un brutto voto per picchiarlo a loro volta. In ogni caso, gli adolescenti vanno sempre capiti e aiutati e giustificati, e soprattutto mai lasciati indietro rispetto ai compagni che eventualmente non si abbandonino a quanto sopra e addirittura mostrino per qualche imperscrutabile motivo di impegnarsi ancora a scuola. Ecco perché i Genitori 1&2 non se la sentono di dire di no quando pretendono l'ennesima PlayStation o l'ennesimo smartphone, senza contare che com'è noto dire di sì costa meno fatica e diminuisce sensibilmente lo stress. Quanto agli insegnanti, restii a bocciare visto che per l'appunto nessuno dev'essere lasciato indietro ed è comunque meglio tornare a casa interi da scuola, applicano malvolentieri le nuove disposizioni ministeriali che con appena quarant'anni di ritardo prescrivono una certa qual severità, anche a causa del fatto che se un istituto scolastico si fa una certa fama nessuno poi vi iscrive i figli, e quindi addio baracca e burattini. Dire sempre: "I quarantenni di oggi sono tutti adolescenti".

ALIMENTI Un tempo si mangiavano, oggi si passano (*cit.*).

ANZIANI Hanno sostituito i vecchi, ma comunque dare a chicchessia dell'anziano non è gentile, specie oggi che c'è il Viagra e si sverna come ragazzini in Portogallo o alle Canarie, benché di recente sia stata introdotta una tassazione del 10 per cento. Dire sempre: "Ma se mi sento ancora un giovanotto!". Sono a tutti gli effetti diversamente giovani. Vedi NONNI.

AVVOCATO Vi si ricorre in caso di separazione e/o divorzio. Come nel caso di chi sceglie la professione di becchino, è dunque un mestiere sicuro. Se vi si ricorre da neofiti, tenere presente che per stabilire l'entità dell'onorario fa come le prostitute e le chat porno sia telefoniche sia online, ossia conteggia i secondi di conversazione col cliente, al telefono come in studio. Vedi DIVORZIO. Vedi SEPARAZIONE.

BABY-GANG Prima dell'arrivo dei carabinieri suggerire: "Butta il cellulare". In seguito, dichiarare: "Chi? Mio figlio? Non è possibile. È di sicuro un malinteso".

BAMBOCCIONI Definirli così non è carino. Parlare semmai della Generazione né-né: settecentomila giovani dai 15 ai 35 anni che si definiscono "inattivi convinti", e che hanno deciso di non studiare ma anche di non lavorare, perché "scoraggiati" o perché "tanto il lavoro non c'è". Secondo la psicoterapeuta Anna Oliverio Ferraris, "Non lavorano perché la famiglia li mantiene e un impiego non si trova; non studiano o studiano meno di una volta per i programmi più leggeri, la mancanza di selezione". Dire sempre: "Genitore 2, per favore chiami tu la segreteria dell'università per sapere quali documenti devo presentare all'atto dell'iscrizione?". In quanto genitori, dire invece: "Pronto, buongiorno, sono il Genitore 2 di uno/una studente/studentessa che quest'anno deve partire per l'Erasmus. Mi sapete dire per cortesia come l* devo vestire?".

CORNA Negare sempre. Vedi DIVORZIO.

DIVORZIO Vi si arriva in genere per motivi di corna. Quando ero bambino, tra la fine degli anni Sessanta e la prima metà degli anni Settanta del Novecento, i figli di genitori divorziati erano rarissimi, e all'interno di una classe elementare costituivano un'eccezione. Oggi le proporzioni si sono rovesciate. Minacciare: "Ti faccio scrivere dal mio avvocato". Affermare: "Per i bambini è meglio così". Evitare però di chiedere il loro parere. Vedi AVVOCATO. Vedi CORNA. Vedi SEPARAZIONE.

FESTA DELLA MAMMA Denominarla d'ora in poi Festa del Genitore 2. Vedi FESTA DEL PAPÀ.

FESTA DEL PAPÀ Denominarla d'ora in poi Festa del Genitore 1. Vedi FESTA DELLA MAMMA.

FIABE Sono in linea di massima tutte maschiliste e sessiste. Raccontare dunque ai figli, in veste di Genitore 1 o di Genitore 2, quelle riscritte in chiave trans da Vladimir Luxuria, dove i protagonisti sono in linea di massima rivisti e corretti in chiave trans.

FIGLI Rispetto a un tempo, oggi i figli hanno molti più strumenti: dallo smartphone alla PlayStation passando per il telecomando della tivù e, va da sé, per il tablet o il computer. In compenso non hanno più doveri, solo esigenze. Compito dei Genitori 1&2 è assecondare ogni richiesta. Valga per tutti l'esempio della dodicenne che qualche anno fa denunciò il padre, pardon, il Genitore 1, perché questi non voleva mandarla in gita scolastica. Ovviamente vinse la causa. In qualità di figli, si può sempre contare sull'aiuto di uno psicologo, che saprà comprendere i motivi alla radice di un eventuale disagio qualora devastino la propria classe, picchino i compagni e chiamino "cacca" la madre, pardon, il Genitore 2. Sempre in qualità di figli si è poi autorizzati automaticamente a frequentare discoteche e locali notturni già a partire dai dodici anni, sapendo che il Genitore 1 starà in auto ad aspettare così da riportarli a casa ubriachi o strafatti. Chi non beve e soprattutto chi non fa uso di sostanze stupefacenti e si dichiara contrario alla loro liberalizzazione è un fascista. I figli hanno inoltre il diritto di essere mantenuti, lavati, stirati e cucinati fino al termine dell'adolescenza, che oggi si estende fino ai quarant'anni, per poi ricominciare da capo quando tornano a casa una volta compiuti i cinquanta, subito dopo aver fatto almeno un figlio ed essersi separati. Terminare l'università non è necessario: nello spirito di De Coubertin, quello che conta è partecipare. Grazie all'Erasmus si viene mandati all'estero e lì in genere si scopa di più, tant'è che tra compagni di corso ci si dà di gomito chiamandolo Orgasmus. In Italia la meta ideale resta Bologna, dove l'ubriacatura collettiva in piazza è una tradizione consolidata malgrado la città Medaglia d'Oro della Resistenza abbia avuto tra gli altri un sindaco già della Cgil poi definito fascista dato che voleva imporre un minimo sindacale di convivenza civile a tutti gli studenti democratici e libertari, oltre che compagni, autonomi, punkabbestia e, va da sé, rivoluzionari. Dire sempre: "Non ti ho chiesto io di venire al mondo".

GENITORE 1 Ha sostituito il padre o la moglie della madre per motivi di privacy e correttezza politica. Vedi GENITORE 2.

GENITORE 2 Ha sostituito la madre o il marito del padre per motivi di privacy e correttezza politica. Vedi GENITORE 1.

GENITORI 1&2 Chiunque siano, devono sempre affidarsi, come gli insegnanti, a uno psicologo, e solo successivamente a uno psichiatra. Qualsiasi problema, si tratti anche del fatto che la primogenita dodicenne fa uso di cocaina mentre pratica sesso di gruppo, va risolto non con una severità del tutto fuori luogo che di sicuro accrescerebbe il disagio della ragazzina, ma con il dialogo, che però in effetti non c'è. Ecco dunque che si rende necessario uno psicologo. Obiettivo principale dei Genitori 1&2 è in ogni caso tenere occupati i figli in maniera che non disturbino quando i genitori medesimi smanettano sui rispettivi smartphone surfando tra chat e siti porno. I genitori che possono permetterselo assumono una tata, gli altri fanno affidamento sulla tecnologia. Per evitare discussioni e spiacevoli forme di stress, i Genitori 1&2 non devono mai opporre un "no" ai figli, ma assecondare ogni loro richiesta. Oggi in realtà i Genitori 1&2 non devono più fare davvero i genitori, piuttosto diventare amici dei figli, e mettersi d'accordo con i Genitori 1&2 dei loro amichetti in modo che a turno si accompagnino in auto i figli dodicenni propri e altrui in discoteca. I Genitori 1&2 di volta in volta preposti all'accompagnamento dei figli dodicenni devono poi aspettare in auto nei pressi della discoteca che i figli dodicenni propri e altrui escano dalla discoteca medesima. Se all'uscita dalla discoteca i figli dodicenni propri o altrui appaiono alterati a causa dell'abuso di sostanze alcoliche o stupefacenti, evitare di metterli in imbarazzo con domande francamente ingenue e noiose, e limitarsi a riaccompagnarli a casa in silenzio. Se non preposti al turno di accompagnamento in discoteca, i Genitori 1&2 devono restare svegli in cucina tutta la notte in attesa del ritorno dei figli. Quando i figli finalmente rincasano sani e salvi e tirano dritto senza se e senza ma, raggiungendo in qualche modo la loro cameretta, evitare di fermarli facendo loro domande francamente ingenue e noiose. Negli altri casi, a seconda del tipo di telefonata che si riceve, andare a recuperarli all'ospedale oppure all'obitorio. Per i Genitori 1&2 di oggi, i figli sono sempre "tanto intelligenti", forse perché oggi come oggi in Italia a scuola non si boccia quasi più nessuno. Nel caso improbabile che ciò accada, picchiare l'insegnante responsabile spiegandogli che non ha saputo capire fino a che punto la propria discendenza sia intelligente. Chiedere sottovoce: "Secondo te quando se ne andrà di casa?".

INCESTO Citare sempre Woody Allen.

LAVORO DOMESTICO Secondo la celebre femminista Silvia Federici, quello delle donne è alla base della ricchezza dell'Occidente e va retribuito: e per quel che può importare, da parte mia ritengo sia una rivendicazione sacrosanta. Prima di scrivere queste righe, ho preparato la colazione ai miei figli, passato l'aspirapolvere, rifatto i letti, pulito il bagno, fatto la spesa, preparato il pranzo, lavato i piatti. Più tardi, dopo un pomeriggio dedicato alla scrittura, preparerò la cena. E dopo aver lavato nuovamente i piatti racconterò una storia ai bambini e li metterò a letto. A chi devo mandare fattura?

MALEDUCAZIONE Non è mai un problema che riguardi i propri figli ma solo e sempre quelli degli altri. Stupirsi per come sono educati in linea di massima i bambini degli stranieri, specie se nati nell'Europa del Nord, ma evitare di parlarne in pubblico per non passare per razzisti sovranisti leghisti, dunque per fascisti. Dire sempre: "Una volta non c'era tutta questa maleducazione", poi inveire violentemente contro chiunque chieda di rispettare la coda.

MAMMA Non è più contemplata. Vedi GENITORE 2.

MATTI Non ne esistono più. Al massimo soffrono di non meglio precisati "disturbi mentali". Se per combinazione c'è un esemplare in famiglia, evitare di parlarne in pubblico, tenerlo segregato nello sgabuzzino e imbottirlo di psicofarmaci. Chiedere ripetutamente alla Asl se non sia proprio possibile ricoverarlo da qualche parte ma non a pagamento. Se in forza alla Asl, rispondere sempre: "Guardi signora che per fortuna in Italia i manicomi non esistono più". Citare sempre Basaglia.

MULTITASKING Ne è sacerdotessa e depositaria solo ed esclusivamente la donna. Leonardo, Napoleone e Cruijff restano enigmi inspiegabili.

NINNA NANNA Evitare sia in veste di Genitore 1 sia nei panni di Genitore 2 di cantare quella che fa: _Questo bimbo a chi lo do / glielo do all'uomo nero / che lo tenga un mese intero_. Se costretti perché la prole non vuole saperne di addormentarsi, rielaborare il testo originale così: _Quest* bimb* a chi l* do / gliel* do al* migrante / che lo tenga almeno un istante_.

NONNI Da quando c'è il Viagra hanno diritto come chiunque altro a una vita sessuale soddisfacente e perfino esuberante, se possibile evitando di coinvolgere i/le nipoti. I nonni sono utili per due motivi: da un lato, percepiscono una pensione da cui tutta la famiglia può attingere; dall'altro, ci si può ricordare della loro esistenza quando si devono sbolognare i figli in occasione di weekend al mare o in montagna e vacanze varie. Purtroppo, da quando esiste il Viagra molti nonni hanno cominciato a loro volta a fare weekend al mare o in montagna e vacanze varie o si sono proprio trasferiti armi e bagagli in Portogallo, sempre che l'entità della pensione lo consenta, e non vogliono avere i nipoti tra i piedi. Oggi i nonni non sono vecchi, se proprio necessario caso mai anziani, o meglio ancora diversamente giovani. Se per combinazione finiscono all'ospedale o si rompono un femore in casa, diventano una seccatura e un costo perché bisogna pagare loro un'infermiera per la notte o una badante ru... pardon, romena, dato che è impensabile provvedere in prima persona a causa del lavoro e degli interessi e hobby personali, tra cui il poker online. Dire sempre: "Per fortuna sono due nonni molto giovanili".

PAPÀ Non è più contemplato. Vedi GENITORE 1.

PSICHIATRI Vedi PSICOLOGI. Vedi FIGLI. Vedi GENITORI 1&2.

PSICOLOGI Vedi PSICHIATRI. Vedi FIGLI. Vedi GENITORI 1&2.

RICATTO È perfettamente legale quello della moglie nei confronti del marito qualora questi chieda il divorzio. Come diceva Norman Mailer: "Non puoi dire di conoscere davvero una donna finché non l'hai incontrata in tribunale".

SEPARAZIONE Vedi DIVORZIO.

SVEZIA Considerarlo un Paese all'avanguardia e di sinistra. Poi apprendere che ha vietato la gravidanza surrogata. Rivedere le proprie posizioni.

TRAUMI Sono spesso infantili, derivanti da violenze in famiglia, separazione e/o divorzi. Per non fare i conti con la propria coscienza e con le proprie responsabilità, e anche per evitare di affrontare questioni impegnative, dire e dirsi comunque che va tutto bene e ripetere come un mantra: "I bambini? Io li vedo sereni".

VECCHI Non esistono più. Negli Stati Uniti sono semplicemente persone "dotate da un punto di vista cronologico". Vedi ANZIANI.

VIOLENZE Avvengono solo e sempre nelle famiglie degli altri. Nel caso qualcuno citi uno stupro compiuto da uno o più migranti, ribattere citando subito lo stupro compiuto a Viterbo da un paio di fascisti e se necessario risalire fino ai mostri del Circeo. Dare del fascista a chi ha citato lo stupro compiuto da un migrante. Infine sbottare: "Ma lei lo sa o non lo sa che la maggior parte delle violenze avvengono in famiglia?".

La scuola

Oggi come oggi la scuola non deve lasciare indietro nessuno, e dunque è costretta a promuovere tutti o quasi anche per motivi di budget: non è facile trovare clienti, ossia allievi, se si ha un'immagine troppo severa. Oggi come oggi, ma non da oggi, per molti genitori la scuola è innanzitutto un parcheggio, e in questo senso sostituisce come può la tivù, lo smartphone, il tablet, la PlayStation e il computer. Si tratta in effetti di un parcheggio multipiano: nido, materna, elementari, medie, superiori e università. Poi volendo ci sono i master. Certo, intrattenere gli allievi, che complici le nuove tecnologie hanno soglie di attenzione sempre più basse, non è facile: la scuola non è una chat e non dispone del pubblico urlante di Amici. *Per fortuna però ci sono le lavagne elettroniche con collegamento wifi, le okkupazioni e i saggi di fine anno. Grazie al famoso sistema dei debiti, geniale capolavoro studiato e messo in atto dalla classe dirigente formatasi nel Sessantotto, quella per intenderci del 6 politico, per anni in Italia gli studenti hanno avuto la facoltà di non studiare un paio di materie a scelta, e di arrangiarsi con le altre. La sola ragione per cui gli studenti italiani avevano deciso di scendere in piazza prima dell'Era Gelmini era stata la ventilata reintroduzione degli esami cosiddetti di riparazione a settembre. Quindi, con l'Era Gelmini, c'è chi lo ha fatto oltre che per i tagli e la riduzione del tempo pieno anche per la reintroduzione del grembiulino e del voto di condotta, poi abolito da una "ministra" dell'Istruzione secondo alcuni priva di laurea.*

A scuola, nell'intervallo ma non solo, è normale farsi le canne nei cessi. I più svegli riescono a integrare la paghetta spacciando tra i compagni. A scuola si porta lo smartphone per venire a capo dei compiti in classe a mezzo di chat o collegandosi a internet e per riprendere con la videocamera incorporata i cosiddetti atti di bullismo, oppure immortalare il perizoma delle compagne che siedono nella fila davanti, ma anche quello di certe professoresse. A scuola si fa ogni anno l'occupazione, pardon, l'okkupazione, che oggi è concordata con il preside, in modo da avvicinarsi con agio alle vacanze natalizie. A scuola si classificano le ragazze in base alla loro disponibilità al sesso orale: quelle che non lo praticano sono delle "sfigate". A scuola bisogna presentarsi ogni mattina al meglio, e cioè con vestiti e scarpe di marca. Chi non si adegua è uno "sfigato". Dopo la reintroduzione del grembiulino, si è corsi ai ripari mediante il grembiulino firmato o comunque ispirato a personaggi dei cartoni animati e della tivù.

La scuola italiana, per inciso, nelle graduatorie europee è messa maluccio. Da sinistra anni fa si è rivendicato con orgoglio che le elementari a moduli fossero all'ottavo posto: peccato che all'epoca del maestro unico fossero al secondo, subito dopo la Finlandia. Quanto ai numeri, sono impietosi. La scuola italiana ha duecentomila insegnanti in più rispetto a quella tedesca, mentre la popolazione della Germania supera la nostra di ben venti milioni di unità. Come per le leggi sul precariato, introdotte in Italia da quel centro-sinistra che oggi si propone di lottare contro il precariato, anche i tagli alla scuola sono iniziati con l'ultimo governo Prodi, che aveva disposto una sforbiciata di quarantasettemila posti e ridotto le spese per il funzionamento del sistema scolastico di ben cinquecento milioni di euro. Come è evidente, un Paese che non investe nella scuola e nella ricerca è un Paese senza futuro. Per chiarezza: la Francia investe nell'università l'1,21 per cento del Pil. La Germania l'1,16. L'Inghilterra l'1,02. La Spagna lo 0,97. L'Italia lo 0,78. La top ten degli atenei europei vede ai primi cinque posti Cambridge, Oxford, l'Imperial College di Londra, l'University College sempre di Londra e il King's College ancora a Londra. La prima università italiana spunta in classifica al set-

tantottesimo posto, ed è quella di Bologna. Non a caso, il nostro è il Paese dei cosiddetti cervelli in fuga. Ciò detto, tutti in piazza contro, sempre. Ma mai con i fascisti, da Valle Giulia in poi. Non si fa.

AUTORITÀ Nelle scuole è scomparsa in seguito al Sessantotto. Eccezionalmente, voglio riportare qui di seguito parte di un articolo scritto per il quotidiano "El País" da Mario Vargas Llosa, pubblicato in Italia da "La Stampa" il 29 luglio 2009 e intitolato *L'anno in cui nelle scuole morì l'autorità*: "La rivoluzione dei ragazzi-bene, crema delle classi borghesi e privilegiate di Francia, che furono i protagonisti di quel divertente carnevale all'insegna dello slogan 'Proibito proibire', ha consegnato al concetto di autorità il suo atto di morte. E dato legittimità e glamour all'idea secondo cui ogni autorità è infida, dannosa, scivolosa e che il più nobile ideale di libertà consiste nel disconoscerla, negarla, distruggerla. Il potere non si sentì minimamente toccato da quest'emblematica arroganza dei giovani ribelli che, senza che la maggior parte di essi lo sapesse, portavano sulle barricate gli ideali iconoclasti di pensatori come Foucault. Basti ricordare che nelle prime elezioni svoltesi in Francia dopo il Maggio '68, la destra gollista ottenne una sonora vittoria. Ma l'autorità, nel senso latino di *auctoritas*, non di 'potere', bensì, come la definiscono i dizionari, di 'prestigio e credito che si riconosce a una persona o a un'istituzione per la sua legittimità o qualità o competenza in una qualche materia', non rialzò la testa. Da allora, in Europa come in buona parte del resto del mondo, praticamente non esistono figure politiche o culturali capaci di esercitare il magistero, nel contempo morale e intellettuale, dell''autorità' classica che, a livello popolare, era incarnata dai maestri, parola che un tempo aveva un suono così bello perché associata al sapere e all'idealismo. In nessun campo tutto ciò è stato tanto catastrofico per la cultura come nell'insegnamento. Il maestro, spogliato di credibilità e di autorità, trasformato spesso in strumento del potere repressivo, vale a dire del nemico al quale per raggiungere la libertà e la dignità d'uomini bisognava resistere, arrivando, persino, ad abbatterlo, ha perduto la fiducia e il rispetto senza i quali gli era praticamente impossibile adempiere alla sua funzione di educatore, di trasmettitore di valori e di conoscenze. Di più: li ha persi non solo agli occhi dei propri alunni, ma anche a quelli degli stessi genitori e dei filosofi rivoluzionari che, come l'autore di *Sorvegliare e punire*, identificavano nel maestro uno dei sinistri strumenti di cui – proprio come gli agenti di custodia delle carceri e gli psichiatri dei manicomi – l'establishment si serve per mettere le briglie allo spirito critico e alla sana ribellione di bambini e adolescenti. Molti maestri, in perfetta buona fede, credettero a questa degradante demonizzazione di se stessi e contribuirono, gettando benzina sul fuoco, ad aggravare la rottura facendo proprie alcune delle più avventate affermazioni dell'ideologia del Maggio '68 nel settore dell'insegnamento come, per esempio, considerare anormale rimproverare i cattivi studenti, far loro ripetere l'anno e, persino, dare voti e stilare graduatorie tra gli allievi in base al rendimento scolastico perché, attraverso tali 'distinguo', si diffonderebbero l'infausto concetto di gerarchia, l'egoismo, l'individualismo, la negazione dell'idea che tutti siamo uguali, e il razzismo... Una delle conseguenze perverse del trionfo delle idee – delle dispute e delle fantasie – del Maggio '68 è stata la brutale accentuazione della divisione tra classi a partire proprio dalle aule di scuola. L'insegnamento pubblico è stato una delle grandi conquiste della Francia democratica, repubblicana e laica. Nelle sue scuole e nei suoi collegi, di altissimo livello, le ondate di studenti godevano d'una uguaglianza di opportunità che correggeva, in ogni nuova generazione, le asimmetrie e i privilegi legati alla famiglia d'origine o alla classe sociale d'appartenenza, aprendo ai bambini e ai giovani dei settori meno fortunati la strada del progresso, del successo professionale e del potere politico. L'impoverimento e il disordine sofferti dall'insegnamento pubblico, sia in Francia sia nel resto del mondo, hanno attribuito all'insegnamento privato – al quale, per motivi economici, ha accesso solo un settore sociale minoritario d'alto reddito, meno toccato dalle distruzioni della presunta rivoluzione libertaria – un ruolo preponderante nella formazione dei dirigenti di oggi e di domani nell'ambito della politica, delle professioni e della cultura. Non è mai stato così vero il detto: 'Nessuno sa per chi lavora'. Credendo di lavorare alla costruzione di un mondo davvero libero, senza repressioni, mancanza di diritti e autoritarismo, i filosofi libertari come Michel Foucault e i suoi incoscienti discepoli hanno, in realtà, lavorato molto alacremente perché, grazie alla grande rivoluzione da loro propiziata nel campo dell'istruzione, i poveri continuassero a essere poveri, i ricchi, ricchi, e gli atavici detentori del potere seguitassero a tenere la frusta nelle loro mani". In veste di politici di sinistra, stigmatizzare il fatto che durante la recente pandemia vi siano stati italiani che non hanno seguito le raccomandazioni delle autorità trasferendosi da Nord a Sud nella notte in cui veniva promulgato il decreto che faceva della Lombardia una "zona rossa", e ribadire il valore della competenza, anche se a dire il vero quest'ultimo non è propriamente compatibile con cose come il 6 politico e dintorni.

BARONI Detengono il potere nelle università. Possono far assumere a contratto famigli e famigliari. Organizzano concorsi su misura per favorire i propri candidati. Può accadere che diano buoni voti in cambio di prestazioni sessuali. In certi casi, contribuiscono ad alimentare la famosa fuga dei cervelli. Citare sempre i dodici che non aderirono al Partito Nazionale Fascista. Chiedersi quanti non aderirebbero oggi. Vedi UNIVERSITÀ.

BULLISMO Vedi ADOLESCENTI.

CLASSI DI INSERIMENTO Parlare apertamente di apartheid: tempo fa l'ha fatto perfino l'insospettabile "Secolo d'Italia". Pensare che un bambino appena arrivato nel nostro Paese e non ancora in grado di capire l'italiano abbia bisogno di un periodo di studio della nostra lingua per poter frequentare normalmente la classe che gli competerebbe in base all'età e agli eventuali studi compiuti in patria è chiaramente da razzisti sovranisti leghisti, dunque fascisti. È giusto invece che tutta la classe segni il passo in attesa che il bambino impari a leggere, scrivere e far di conto in italiano. Ignorare che classi speciali per l'inserimento degli allievi stranieri esistono nella democratica Inghilterra, nella Francia laica e repubblicana e persino in Germania, ovvero nel Paese più politicamente corretto d'Europa. Lo scorso anno scolastico sono stato invitato a parlare di un mio libro per ragazzi in una scuola del quartiere Barriera di Milano, periferia di Torino. C'erano diverse classi, almeno un centinaio di scolare e di scolari. Venivano dal Brasile, dal Senegal, dalla Cina, dal Perù, dalla Romania, dall'Egitto, dalla Nigeria, dal Marocco, dall'Algeria, dalla Tunisia, dal Gambia, dalla Polonia, dall'Albania, dall'Argentina, e da molti altri Paesi. La rappresentanza italiana, complici i bassissimi indici di natalità, era nell'ordine del 10 per cento, roba da far felici per motivi opposti sia i sostenitori dell'esistenza del Piano Kalergi sia coloro che lo bollano alla stregua di una teoria complottista chiaramente razzista e dunque fascista anzi neonazista. Sta di fatto che il colpo d'occhio era molto bello. Ma le insegnanti... beh, avreste dovuto vederle. Vedere i loro volti. Erano state lasciate sole a fronteggiare il mondo, letteralmente. In cuor mio le ho ammirate. Di recente a Bologna un genitore marocchino arrivato in Italia da bambino ha tolto il figlio dalla materna, perché nella classe del piccolo tutti i bambini erano stranieri: "Non è così che si fa integrazione," ha dichiarato. Sarà fascista anche lui?

CONCORSO Detto in certi casi anche "concorsone". Battersi per anni via Facebook, in veste di intellettuali di sinistra e insegnanti di sinistra, a favore del 6 politico e perché la scuola sia inclusiva e non lasci indietro assolutamente nessuno, e dunque per l'abolizione non solo del voto di condotta ma anche del concetto stesso di voto come metro di giudizio e va da sé della bocciatura. Poi, quando esce il concorso straordinario senza prove d'ingresso per l'assunzione di 32.000 precari, sempre via Facebook accusare il governo di turno di populismo, ma anche di bullismo nei confronti di chi invece ha studiato sul serio e non vorrebbe vedersi scavalcato da coloro che non hanno titoli per farlo, usando il già deprecato sostantivo "gente": "Gente con sei anni di anzianità si vedrà scavalcata da gente con quattro anni di anzianità e un mazzetto di titoli raccattati in qualche svendita". Non rendersi conto.

CONDOTTA L'idea di reintrodurre il voto di condotta è da considerarsi non solo retrograda ma a tutti gli effetti fascista. Non è infatti giusto discriminare un ragazzo solo perché ha preso a pugni un professore, specie se il ragazzo in questione è figlio di migranti, e non si vede perché qualcuno dovrebbe correre il rischio di essere bocciato se per caso ha distrutto o allagato un'aula o una scuola. Se intellettuali di sinistra, scrivere elzeviri e corsivi in cui si sbeffeggia apertamente chi ne propone la reintroduzione, facendo notare che non è certo con provvedimenti simili che si risolvono i problemi della scuola. "Con l'abolizione del voto di condotta," recita il testo del Miur, "si è ufficializzato che il comportamento non è parte rilevante del processo formativo degli studenti." Dire sempre: "Nessuno ha il diritto di mettere in discussione le conquiste del Sessantotto".

DANNEGGIAMENTI Si verificano nelle scuole dove gli adolescenti affetti da disagio adolescenziale esprimono quest'ultimo. Dire sempre: "Mio figlio non c'entra".

DEBITI Oltre a quelli contratti con lo spacciatore di fiducia o per via del gioco d'azzardo compulsivo, o perché malgrado la propria condizione di lavoratori precari ci si è inopinatamente messi in testa di mettere su famiglia, oggi ci sono quelli scolastici dei figli, grazie ai quali questi nella stragrande maggioranza dei casi non vengono più bocciati: bocciare è infatti discriminante, e dunque non si fa. Confidare alle vicine di ombrellone qualora ci si sia permessi il lusso delle vacanze, magari contraendo un mutuo, ossia indebitandosi: "Mio figlio, sai, a scuola mi ha dato tante soddisfazioni. Pensa che era sempre promosso, aveva solo debiti in italiano, storia, matematica e inglese". Dire sempre: "Studiare non serve, perché tanto poi nella vita ce la fanno solo quelli che hanno conoscenze". Dire anche: "L'unica scuola che funziona in Italia è quella di *Amici*, il programma di Maria De Filippi". Sospirare: "Adesso che finisce la scuola, se Dio vuole se li acchiappano i nonni".

DISAGIO È sempre per definizione adolescenziale o al limite giovanile. Affermare: "Dobbiamo comprendere che alla base di tutto c'è un grande disagio". A Torino c'è una marca di abbigliamento per giovani che produce felpe e magliette con la scritta a caratteri cubitali *Disagio*. Anni fa si è tenuto anche un festival del Disagio.

DISCIPLINA L'idea che a scuola sia necessario reintrodurla e ritornare al lei quando ci si rivolge in veste di studenti agli insegnanti è chiaramente fascista, anche se in realtà nel Ventennio ci si dava del voi. Se intellettuali di sinistra, scrivere elzeviri e corsivi in cui si sbeffeggia apertamente la proposta e chi l'ha avanzata, facendo notare che non è certo con provvedimenti simili che si risolvono i problemi della scuola. Se poi in autostrada ci si imbatte in qualcuno che guida disciplinatamente, magari rispettando i limiti di velocità, bersagliarlo con gli abbaglianti finché non si sposta nella corsia a fianco. Definire il filosofo Slavoj Žižek, autore tra gli altri del saggio *In difesa delle cause perse*, un fascio-comunista perché sostiene che per affrontare le grandi questioni contemporanee è necessario tornare alla disciplina. Se qualcuno propone di reintrodurre il servizio di leva, bollarlo immediatamente come fascista. Dire sempre: "Nessuno ha il diritto di mettere in discussione le conquiste del Sessantotto". Aggiungere: "Fuori i fascisti dalle scuole!". Restare basiti leggendo la notizia del conducente di bus che a Roma è stato pestato a sangue da otto ragazzini per averli rimproverati.

DIVERSAMENTE ABILI Devono essere sempre inseriti e dunque poter frequentare le stesse scuole dei loro coetanei. Se in una classe di non diversamente abili c'è un diversamente abile che urla tutto il giorno e impedisce agli altri allievi di seguire le lezioni, non importa: è per questo che si è creata la figura professionale dell'insegnante di sostegno, utile tra l'altro a smaltire le eccedenze di diplomate/i alle vecchie magistrali. Se l'insegnante di sostegno è in malattia, visto che bisogna risparmiare se la sbrighino le altre insegnanti. Ignorare che altrove in Europa gli allievi diversamente abili non sono inseriti nelle normali classi, proprio perché la loro condizione di diversamente abili richiede appositi metodi di insegnamento. Dire sempre: "La scuola non deve lasciare indietro nessuno".

EDUCAZIONE SESSUALE Ci pensa lo smartphone. Stupirsi poi quando si viene a sapere che in quasi tutti gli istituti di Milano è presente un vero e proprio catalogo delle studentesse che offrono prestazioni sessuali anche di gruppo in cambio di ricariche telefoniche, capi firmati e compiti. Esistono infatti liste elettroniche che circolano sui blog dove sono descritte le prestazioni che si possono scegliere, che vanno dai rapporti orali a quelli anali a quelli sessuali completi, con singoli, coppie e di gruppo. Ci si accorda via chat e ci si dà appuntamento tranquillamente nei bagni, anche a partire dai dodici o tredici anni. Una maestra poco tempo fa ha trovato dei bambini di dieci anni intenti a scambiarsi immagini pornografiche con animali. Dire sempre: "Mia figlia a certe cose non ci pensa, è ancora una bambina". Chiedersi se sia appropriato mostrarsi nudi di fronte ai figli oppure no. Implorare: "Mamma per favore copriti".

GITE Perorare la necessità di quella ad Auschwitz. Tenere un breve discorso sul dovere della memoria. Stigmatizzare duramente la tizia che a Predappio si è fatta immortalare indossando una T-shirt che metteva in relazione il lager nazista con un celebre parco dei divertimenti americano. Posare per una foto di gruppo al cospetto del cancello con la scritta *Arbeit Macht Frei*. Farsi un selfie nei locali dei forni crematori.

GREMBIULE L'idea di reintrodurre l'uso del grembiule nelle scuole elementari, impedendo tra l'altro ai bambini più abbienti di sfoggiare capi firmati, è va da sé fascista. Se intellettuali di sinistra, scrivere elzeviri e corsivi in cui si sbeffeggia apertamente chi sostiene l'idea, facendo notare che non è certo con provvedimenti simili che si risolvono i problemi della scuola. Dire sempre: "Nessuno ha il diritto di mettere in discussione le conquiste del Sessantotto". Da parte mia confesso di avere sempre ammirato le scuole inglesi, che impongono agli studenti non il grembiule ma addirittura l'uniforme.

INSEGNANTI Oggi gli insegnanti non devono comportarsi con gli allievi come un tempo, per esempio pretendendo cose arcaiche come l'educazione o il rispetto oppure imponendo una qualche disciplina che come si è detto è sempre fascista, ma sull'esempio dei genitori diventare loro "amici". Naturalmente, il primo passo consiste nel farsi dare del tu anziché del lei. Quando si deve esprimere una valutazione, tenere sempre presenti le possibili ripercussioni psicologiche, anche gravi se non devastanti, che un brutto voto potrebbe avere sullo studente. Qualora tra insegnanti si parli del proprio lavoro di insegnanti, lamentarsi sempre. Se il proprio figlio che com'è noto è "tanto intelligente" inopinatamente prende un brutto voto, correre subito a scuola e picchiare l'insegnante colpevole. Dire sempre: "Con tutte le ferie che fanno, hanno pure il coraggio di lamentarsi dello stipendio!".

MAMIANI Da ex iscritti, iscrivervi i propri figli. Se necessario, insegnare loro come si fanno le occupazioni, pardon, okkupazioni. Dire sempre: "Anche se venivo da una famiglia borghese per me all'epoca fu naturale scegliere di stare a sinistra". Aggiungere: "Ma tesoro, guarda che l'okkupazione si fa così e così. Aspetta un attimino va', che mamma ti insegna".

MERITOCRAZIA Dato che come detto nessuno dev'essere bocciato o rimandato, innanzitutto per non provocare traumi ma anche per non rovinare le vacanze ai genitori, la sola ipotesi di introdurla nella scuola non è altro che fascista. Stupirsi: "Ma è mai possibile che in questo Paese nessuno sappia più fare il suo mestiere?".

OCCUPAZIONE Vedi OKKUPAZIONE.

OKKUPAZIONE La si fa ogni anno scolastico, di norma nelle settimane che precedono le vacanze natalizie, così da garantirsi almeno un mese di pausa dagli studi. Nel corso degli ultimi lustri è in genere "concordata", nel senso che si fa regolare richiesta in presidenza per ottenere l'apposita autorizzazione a fermare le lezioni, una pura formalità, e una volta ottenuta l'autorizzazione medesima si organizzano mattinate autogestite in cui si tengono incontri con autori di libri che parlano di amori tra adolescenti o di disagio adolescenziale, ma anche corsi di PlayStation. Se si ha la fortuna di avere genitori, o a questo punto anche nonni, che in gioventù hanno "fatto il Sessantotto", portarli a scuola nelle giornate di okkupazione concordata perché spieghino alle compagne e ai compagni come si fanno le okkupazioni. Chiunque abbia la faccia tosta di dire che da parte sua vorrebbe poter seguire normalmente le lezioni è un fascista. Dire sempre: "Compagni! Domani abbiamo compito in classe di greco, quindi propongo di proclamare che la scuola è okkupata". Aggiungere subito: "Chi mi accompagna in presidenza a chiedere il permesso?". Pretendere dal preside che un'aula resti okkupata per tutto il corso dell'anno scolastico adducendo motivazioni politiche serissime e definendola "un'isola di democrazia", poi farcisi anche molte canne. Approfittarne altresì per accendersi un bong, che nei bagni è più scomodo.

PROGRAMMI Devono essere "leggeri", altrimenti i pupi si scoraggiano e non studiano. In molti casi, comunque, non studiano ugualmente. Dire sempre: "Ragazzi, lo so che copiate. Ma ve lo chiedo per favore: almeno, copiate bene".

SELEZIONE Semplicemente impensabile, visto e considerato che non bisogna lasciare indietro nessuno. Chiunque la invochi è un fascista. Dire sempre: "Fuori i fascisti dall'università!".

SEVERITÀ Semplicemente inconcepibile, visto e considerato che bisogna innanzitutto mostrarsi comprensivi. Dire sempre: "Ragazzi, parliamoci chiaro: quel prof è un fascista. Dobbiamo ribellarci".

UNIVERSITÀ Parcheggiarvisi perché si vuole posticipare il più a lungo possibile il momento in cui si dovrà prendere atto di dover trovare un lavoro. Rimandare il più a lungo possibile l'ultimo esame e la discussione della tesi. Proclamare: "Fuori i fascisti dall'università" senza riflettere sul fatto che li si stigmatizza anche perché in quanto fascisti evidentemente non devono aver studiato. Perché dunque privarli della possibilità di farlo?

VACCINI Dire sempre: "I nostri figli non sono cavie". Falsificare l'autocertificazione. Se qualcuno si azzarda a dichiararsi Pro vax, aggredirlo non solo sui social. In veste di governanti, cercare disperatamente di non perdere consensi tra l'elettorato adottando misure che soddisfino allo stesso tempo sia i No vax sia i Pro vax. Creare molta confusione. In veste di presidi, chiedere: "E se poi arriva un Genitore 1 o 2 e mi denuncia?". Sperare nella creazione di un vaccino anti Covid-19. Affermare che comunque non ci si vaccinerà. Accusare Bill Gates di essere il diavolo. Cercare su Google "scie chimiche".

Lo sport

Per ottenere più "mi piace" sui social antisocial occorre premurarsi di far sapere al maggior numero di persone possibile di aver deciso di voltare definitivamente le spalle al calcio e di aver scelto di seguire il rugby, dove non esistono i tifosi violenti anche perché in campo da sempre esiste il terzo tempo, in cui tra avversari ci si stringe sportivamente la mano malgrado si sia coperti di lividi e di fango per poi darsi appuntamento per una birra al pub, alla pari del pubblico. Tra tutti gli sport è infatti il calcio a incarnare l'antitesi assoluta del politicamente corretto, soprattutto a causa degli hooligan inglesi e tedeschi e serbi e croati e russi e, in Italia, dei tifosi delle curve della Società Sportiva Lazio e dell'Hellas Verona, notoriamente fascisti e/o nazisti, e più in generale di tutti i tifosi di tutte le curve di tutte le squadre di Serie A, B e seguenti.

Il vero problema del calcio italiano non sono gli stadi di Italia 90, che a distanza di appena pochi decenni dalla loro inaugurazione risultano obsoleti e che in certi casi sono già stati addirittura abbattuti. Il vero problema del calcio italiano non è nemmeno, che ne so, il doping, anche se i giornali sportivi fanno in modo di occuparsene molto di rado, salvo poi dedicare un po' di spazio agli ex campioni che di volta in volta si scoprono affetti da malattie neurologiche devastanti. E non costituisce un problema nemmeno la disinvoltura di molte società nel momento in cui si compilano bilanci in modo da ottenere l'iscrizione al campionato o alle coppe europee anche se in realtà non potrebbero partecipare né all'uno né alle altre, per tacere del fatto che sono ancora in circolazione non pochi protagonisti del più grande scandalo nella storia planetaria del pallone, detto comunemente Calciopoli, in seguito al quale per la prima volta nella storia la società bianconera è stata retrocessa in Serie B. *No: il vero problema del calcio è costituito solo ed esclusivamente dai tifosi che affollano le curve anziché pagare l'abbonamento per vedere il calcio in tivù, e che con i loro comportamenti allontanano le famiglie dagli stadi: vedi il caso recente che ha visto coinvolti proprio i capi della curva bianconera. Il tifoso ideale, oltre a quello abbonato a Sky, è dunque quello vestito da capo a piedi con il merchandising ufficiale del club di appartenenza, meglio se con in testa il caratteristico copricapo da joker che le telecamere non mancano mai di inquadrare. Può succedere, ed è successo, che un allenatore a un certo punto si lamenti perché dagli spalti il tifo non si sente, anche perché è vietato alzarsi in piedi per cantare i cori tradizionali, ma pazienza. Una curva accettabile tuttavia c'è, almeno per alcuni: è quella del Livorno, dove sventolano le bandiere con l'icona di Che Guevara. Che di suo a dire il vero preferiva il golf. Sta di fatto che per molti italiani l'unico sport o comunque lo sport principale è il calcio, mentre com'è noto ne esistono altri, dal nuoto al tennis passando per la pallacanestro e il pugilato, a cui sono dedicate alcune voci di questo capitolo... prevalentemente basato sul calcio.*

ANTIJUVENTINI Diceva il compianto avvocato Peppino Prisco, indimenticato tifosissimo dell'Inter della quale è stato a lungo vicepresidente: "Se stringo la mano a un milanista poi me la lavo, se la stringo a uno juventino dopo conto le dita". C'è chi, per compiacere tutti e non offendere nessuno, afferma di tifare per tutte le squadre italiane impegnate nelle competizioni europee, club bianconero compreso. Noi no.

BALOTELLI Diventato celebre non solo per la classe ma anche per il fatto di essere una miniera di polemiche. In attesa di ulteriori sviluppi, è di recente entrato in rotta di collisione con Salvini e i tifosi della curva del Verona, mettendo un po' in difficoltà coloro a cui, malgrado fosse di origini africane, stava francamente antipatico.

CASSIUS CLAY Uno che non sapeva che cosa fosse l'ipocrisia: ebbe il coraggio di rifiutarsi di partire per la guerra del Vietnam voluta dal democratico John Fitzgerald Kennedy e per questo finì in prigione e perse il titolo di Campione del Mondo. Poi per giunta rifiutò pure il suo nome da discendente di schiavi per assumere quello di Muhammad Ali, e non pago abbracciò la religione islamica. Il più grande.

DAN PETERSON A molti/e era simpatico anche per via dell'accento, poi però ha dichiarato in un'intervista che Obama "è un bel ragazzo, giovane, nero, che parla benissimo, ma è una nullità", aggiungendo altresì che "Trump vincerà le prossime elezioni. Sotto il suo mandato c'è più occupazione, l'economia va forte, non ha fatto guerre. È uno stratega: Hillary Clinton ha sbagliato tutto e ora piange". Ragion per cui ora è molto, molto meno simpatico.

DI CANIO Diventato celebre non solo per la classe ma anche per il fatto di essere una miniera di polemiche (anche lui). Vedi il tatuaggio fascista esibito su Sky, che in un primo momento gli è costato la conduzione del programma affidatogli, malgrado fosse uno che oggettivamente di calcio ne capisce. Del resto, già all'epoca del suo ritorno alla Lazio, mai si era visto sui campi di calcio italiani uno che andasse a fare il saluto romano fin sotto la curva. Nessuno va da sé gli ha mai riconosciuto il merito di non fingere di essere altro da quello che è, come accade talvolta nella categoria. Non solo in fatto di idee politiche.

DOPING Riguarda solo i ciclisti e gli atleti di tutti gli sport tranne il calcio. Dire sempre: "Il problema del calcio? Gli ultras".

EPO "Chi? Io? Mai!"

FEDERICA PELLEGRINI La più grande nuotatrice italiana di sempre, sempre alle prese con un unico dilemma: mi ritiro o non mi ritiro? Confessare a bassa voce di trovarla antipatica. Invidiarle, più che le medaglie, i fidanzati.

GENITORE 1 (2) Si fa notare mettendo in imbarazzo il figlio, calciatore in erba, quando da bordo campo inveisce contro gli avversari del pargolo, insultando pesantemente altresì l'arbitro e anche l'allenatore, nel caso questi abbia deciso di non schierare o di sostituire l'erede. Si registrano infatti casi in cui le squadre composte da bambini decidano di interrompere la partita tornando negli spogliatoi a causa del comportamento degli adulti che li hanno messi al mondo. Dire sempre: "Mio figlio? È un campione. Speriamo porti presto a casa tanti soldi, con quello che mi sta costando la scuola di calcio".

IAN THORPE Il più grande nuotatore australiano di tutti i tempi, e uno dei più grandi del mondo, caduto in preda alla depressione dopo il ritiro, è da portare ad esempio quando si accenna al fatto che nel mondo del calcio in pochissimi hanno ammesso di essere gay. Chiedere, ostentando stupore misto a disprezzo: "È mai possibile che non ci sia nessun calciatore gay?". Se dell'ambiente, elencare una serie di nomi, ma sottovoce e raccomandando a chi ascolta di non riportarli mai ad alcuno. Per sicurezza, aggiungere: "Giuramelo".

JESSE OWENS Ribadire la leggenda secondo cui Hitler si sarebbe rifiutato di stringergli la mano dopo i suoi quattro storici ori alle Olimpiadi di Berlino del 1936. Infischiarsene anche del fatto che lo stesso Jesse Owens lo abbia smentito. Il primo giorno dei giochi, riportano le cronache, Hitler strinse la mano a tutti gli atleti tedeschi che avevano vinto una medaglia. Il comitato olimpico gli fece osservare che o stringeva la mano a tutti i vincitori di medaglie o a nessuno. Hitler allora scelse di non presenziare alle premiazioni. Jesse Owens dichiarò a proposito: "Quando passai davanti al Cancelliere lui mi salutò alzando una mano, e io contraccambiai il saluto. Credo che chi sui giornali ha criticato l'uomo del momento in Germania abbia mostrato cattivo gusto". Ancora: "Non è vero che Hitler mi abbia evitato. È stato Franklin Delano Roosevelt a evitarmi. Il presidente non mi ha mandato neppure un telegramma". Al ritorno dalle Olimpiadi di Berlino, infatti, Jesse Owens non fu mai invitato alla Casa Bianca e non ricevette alcun riconoscimento né da Roosevelt né dal suo successore Truman. Solo Eisenhower, a quasi vent'anni di distanza, nel 1955, lo nominò ambasciatore dello Sport. Mentre era in Germania, Owens soggiornò negli stessi alberghi dei bianchi, cosa che gli era vietata negli Stati Uniti d'America. Per strada i tedeschi lo fermavano chiedendogli l'autografo. In occasione del ricevimento in suo onore al Waldorf Astoria, a New York, dovette servirsi del montacarichi perché non gli fu consentito l'uso dell'ascensore. Scrivere sempre: "Hitler, livido di rabbia, lasciò l'Olympiastadion per evitare di dover stringere la mano a Jesse Owens".

LIPPI Celebrarlo come allenatore della Nazionale campione del mondo a Berlino 2006. Glissare sul fatto che allenava il club bianconero all'epoca di Moggi, ovvero quando secondo quanto stabilito dalla giustizia sportiva i campionati della Serie A non erano regolari ma falsati proprio a favore della squadra da lui allenata. Alla luce delle imprese degli ultras neonazisti, invitarlo a condannare la Shoah in un video destinato alle scuole. Dichiararsi stupiti una volta appreso del suo rifiuto.

MIHAJLOVIĆ Rinfacciargli l'amicizia con la Tigre Arkan, criminale di guerra serbo. Rinfacciargli lo striscione dei tifosi della Lazio all'epoca in cui giocava nella società capitolina, che per la morte dell'amico scrissero *Onore alla Tigre Arkan*. Quando poi la Lazio venne a giocare a Torino, la Curva Maratona espose uno striscione che diceva *Onore a Gatto Silvestro*. In seguito, esprimere solidarietà e ammirazione per come ha affrontato la leucemia. Subito dopo, insultarlo sui social per aver dichiarato la sua stima nei confronti di Salvini in occasione delle elezioni regionali in Emilia-Romagna. Tra i pochissimi nel mondo del calcio a non sapere che cos'è l'ipocrisia.

MOGGI Specie in presenza di interisti, dire sempre: "Comunque Moggi è stato solo il capro espiatorio. Vogliamo parlare dei passaporti?".

NAVRATILOVA Come ricordato nell'introduzione al presente volume, nel momento in cui dichiara una verità elementare, ossia che la competizione fra tenniste donne e tenniste trans non è paritaria, espellerla dall'associazione delle tenniste LGBTQI accusandola di discriminare una minoranza e di sessismo. La Navratilova: una che ebbe il coraggio di dichiararsi lesbica in anni solo apparentemente meno tolleranti dei nostri, visto che nei nostri vige in realtà la tolleranza zero.

POGROM Se membri della Federcalcio polacca, evitare di dichiarare dopo la vittoria della propria Nazionale per 4-0 contro quella israeliana che si è trattato di un "pogrom". Resta lecita comunque, se commentatori della tivù italiana, la definizione di "panzer" per i calciatori della Nazionale tedesca, o anche di "crucchi". Proprio come se la Seconda guerra mondiale non fosse mai finita.

STRISCIONI Dovendone scegliere uno a testimonianza della riottosità di certe tifoserie a uniformarsi a determinati standard, resta difficilmente eguagliabile quello esposto dalla curva della Lazio in un derby contro la Roma, *Squadra de negri curva d'ebrei*: una vera manna per tutti gli autori di commenti ed editoriali nelle settimane e nei mesi e anni seguenti alla partita. I romanisti da parte loro replicarono poi con un simpatico *Lazio e Livorno, stessa iniziale stesso forno* (il "simpatico" è ironico: lo segnalo, inutilmente lo so, a coloro che attaccheranno questo libro su Twitter). Prima di un derby più recente, sempre i laziali appiccicarono nella curva romanista una figurina in cui per mezzo di un fotomontaggio compariva Anne Frank con la maglia giallorossa, garantendosi paginate di giornali e commenti indignati anche sul web per le settimane a venire. Quanto al dirigente della squadra bianconera che in occasione di un derby col Torino ha permesso l'ingresso di striscioni offensivi nei confronti dei Caduti di Superga, è sempre al suo posto.

ULTRAS Sono un morbo. Se per caso un poliziotto esplode un colpo dalla pistola d'ordinanza, mettiamo una domenica in autostrada, supponiamo all'altezza di un casello, ipotizziamo dall'altra carreggiata rispetto a quella dove si trova un'auto di tifosi, e centra alla testa uno di questi tifosi, ammazzandolo, finché si può bisogna comunque dare la notizia nei telegiornali dicendo che il tifoso era un ultras ed è morto in seguito a incidenti scoppiati tra ultras. Qualora come da tradizione la difesa del poliziotto sostenga che si è trattato di uno sparo accidentale e/o che c'è stata una deviazione, riportare la cosa dandole un certo risalto e senza fare una piega. Fingere di non sapere che cose del genere sono dannose innanzitutto per la famosa credibilità delle istituzioni. Parlare sempre di "presunto sparo", come già durante il G8 di Genova di "presunte violenze da parte delle forze dell'ordine" malgrado le immagini riprese da telefoni cellulari, apparecchi video e telecamere; o, nel caso dello studente di Ferrara morto come stabilito da una sentenza in seguito alle percosse ricevute – tanto che a uno dei poliziotti che l'avevano fermato si era addirittura rotto il manganello –, di "presunte percosse". Dire sempre: "Sono animali. Si ammazzassero tra loro". In occasione di una partita con il Napoli e di un'altra con l'Inter, permettere l'ingresso nella Curva Primavera del Torino di ultras delle squadre ospiti. Definire la cosa "un esperimento sociale". E se ci fosse scappato il morto? Sarebbe stata certo una manna per tutta una serie di autorevoli commentatori, quelli che non vedono l'ora di scrivere i loro autorevoli commenti su questa "feccia" della società. Daspare quelli che in curva non siedono al loro posto. Daspare anche quelli del Pisa che nella curva del Pisa tifando Pisa hanno esposto bandiere della città di Pisa, perché tali bandiere non possono entrare in uno stadio. Io se potessi darei un premio a quelli del Toro che di recente, visti i risultati non propriamente esaltanti della squadra, hanno esposto uno striscione che a lettere cubitali diceva: *Tira più la curva che la squadra*. Chapeau.

Il lavoro

Nel migliore dei mondi possibili, per ciò che riguarda il lavoro è bene diffidare dalle apparenze. È facile infatti talvolta scambiare per una schiava o una serva quella che in realtà è bene definire collaboratrice domestica, o prendere per un licenziamento di massa un indispensabile e salutare riequilibrio delle risorse umane. In particolare, vale la pena di chiarire una volta per tutte che cosa si intende quando si discute di un tema tra i più ricorrenti e dibattuti, quello delle già citate "riforme". Il mondo del lavoro, lo si sente ripetere da anni se non da lustri ma forse addirittura da decenni, ha urgente bisogno di "riforme". "Riforme" necessarie in vista di una modernizzazione che si può riassumere in tre parole chiave: competitività, flessibilità e mamifacciailpiacere. Alcune di tali "riforme" sono per la verità entrate in vigore già da un pezzo, vedi per esempio l'introduzione del precariato, decisa dall'allora maggioranza di centro-sinistra nel corso della sua prima esperienza di governo "per rilanciare l'occupazione", ossia per il bene di milioni di altri lavoratori. Tuttavia ogni riforma è suscettibile di miglioramenti, e restando a quella che ha visto l'introduzione del precariato ciò è avvenuto con l'approvazione da parte della successiva maggioranza di centro-destra della cosiddetta Legge Biagi, concepita di nuovo per rilanciare ulteriormente l'occupazione e dunque sempre a favore di milioni di vecchi e nuovi lavoratori.

Grazie a queste "riforme", chi ha fatto il suo ingresso nel mondo del lavoro dopo la loro entrata in vigore ha potuto go-

dere di una serie di indiscutibili vantaggi: dalle ferie pagate, che finalmente non sono più previste dai nuovi contratti, alla malattia, che quando insorge fa sì che il rapporto di lavoro si interrompa automaticamente; dagli orari, che in molti casi lasciano non poco tempo libero a disposizione del lavoratore (per esempio quando questo viene assunto per due ore la settimana), al lavoro domenicale e festivo, che è una gran bella cosa perché spesso significa non lavorare dal lunedì al venerdì o addirittura al sabato. Insomma: grazie alle "riforme", su cui al di là di qualche dichiarazione pre-elettorale si registra alla luce dei fatti una larga convergenza delle parti politiche, il mondo del lavoro ha visto un costante progresso verso la modernizzazione. E i milioni di lavoratori che nel corso di questi anni ne hanno largamente beneficiato sono molto soddisfatti: lo dimostra il crescente successo della formazione politica che ha ereditato le istanze portate avanti dall'ex Partito Comunista Italiano e dall'ala sociale della Democrazia Cristiana, ovvero il Partito Democratico. Ricordarsi di dire che i migranti non portano via il lavoro agli italiani perché fanno lavori che gli italiani non vogliono più fare. A chi eventualmente contestasse tale affermazione, mostrare le foto e i video che ritraggono folle oceaniche di giovani italiani in attesa di sostenere il provino per X Factor *o* Uomini e donne *o il* Grande Fratello. *Citare anche il caso esemplare della già citata Chiara Ferragni.*

ASSESTAMENTO Un "periodo di assestamento" corrisponde in genere a un lasso di tempo più o meno lungo in cui si è fatto ricorso a cassa integrazione e licenziamenti, ossia a "mobilità" ed "esuberi". Dire sempre: "Siamo in ripresa dopo un semplice periodo di assestamento". Vedi ESUBERI. Vedi MOBILITÀ.

BADANTI In un Paese in cui nessuno ha più tempo di occuparsi pure dei nonni, solo alcuni esponenti della Lega hanno fatto muro in un recente passato sulle badanti, sostenendo che in molti casi sono in realtà pericolosissime trafficanti internazionali di droga. In ogni caso, il permesso di soggiorno alle badanti è pressoché garantito per il semplice fatto che senza badanti tutti gli italiani adulti dovrebbero tornare a occuparsi degli anziani genitori. Dire sempre: "E pensa che papà le ha messo una mano sul didietro. Ma si può? A novant'anni?". Ribattere: "Apperò, gagliardo il nonnetto!". Se mogli già tradite, a fronte del ritorno del marito pentito perché nel frattempo mollato dall'amante, affermare: "Col cavolo che me lo ripiglio. Mica voglio fargli da badante".

BIDELLI Definirli così significa usare una terminologia fascista. Trattasi di personale non docente.

CALL CENTER Ve ne sono di due tipi: quelli in cui gli operatori dovrebbero rispondere alle richieste degli utenti alle prese con qualche problema in genere tecnologico, praticamente impossibili da contattare da parte degli utenti medesimi che si ritrovano rimbalzati da una voce registrata all'altra; e quelli in cui gli operatori vanno invece a caccia di potenziali clienti per mezzo di telefonate considerate moleste dalla maggior parte dei potenziali clienti, che di conseguenza restano solo potenziali senza diventare mai davvero clienti. Nel primo caso, dire sempre: "Ma è mai possibile che non si riesca più a parlare con nessuno che ti sappia risolvere un problema? Solo numeri verdi e nastri registrati! E se dopo ore riesci a parlare con un operatore in carne e ossa, non sa mai niente!". Nel secondo caso, sbottare: "Non ho tempo!". Gli operatori di primo tipo, che dovrebbero risolvere i problemi degli utenti, sono forse due in tutta Italia, visto che rintracciarli è quasi impossibile. Quelli di secondo tipo, che vanno a caccia di potenziali clienti, sono invece numerosissimi e fanno un lavoro ad altissimo coefficiente di stress, visto il trattamento che spesso ricevono da coloro che contattano. Di conseguenza, sono non di rado grandi consumatori di psicofarmaci. Così facendo costituiscono una risorsa importante per l'industria farmaceutica, ma servono anche come esempio da portare se in veste di politici del centro-sinistra si partecipa in tivù a un dibattito sul precariato. Glissare sul fatto che, come detto, il precariato è stato introdotto in Italia dal primo governo di centro-sinistra.

CAPORALATO Grazie al flusso di migranti, è tornato di gran moda in Puglia e in Campania per la raccolta di olive e pomodori ma non solo. Al Nord, per esempio, ci sono rider che sfruttano così i nuovi arrivati nella forma 2.0 della più classica guerra tra poveri.

CASSA INTEGRAZIONE Dato che non suonava benissimo, è stata sostituita dalla parola "mobilità". Spiegare: "No, non è che ho preso le ferie a febbraio. È che mi hanno messo in mobilità".

CHIARA FERRAGNI È la sola ad aver trovato lavoro presso Chiara Ferragni non come collaboratrice ma proprio in veste di Chiara Ferragni. Un documentario sul suo caso singolare è stato proiettato alla Mostra d'Arte Cinematografica di Venezia 2019. Anche se la si detesta, evitare di esternarlo in tivù o sui social così da non perdere il consenso di una fetta consistente di elettori e/o follower. Anche se la si apprezza, evitare di esternarlo in tivù o sui social così da non perdere il consenso di una fetta consistente di elettori e/o follower.

COLF Vedi COLLABORATRICE DOMESTICA.

COLLABORATRICE DOMESTICA Tale espressione ha sostituito la parola "colf", che era un filo snob, e che da parte sua in un primo momento aveva sostituito il termine "filippina", che non era granché snob, anche per via del fatto che molte presunte "filippine" erano al di là di ogni ragionevole dubbio marocchine o polacche o rum... pardon, romene o russe. Va detto per correttezza filologica che a sua volta la parola "filippina" aveva sostituito la parola "serva", subentrata al precedente "schiava". Consigliare sempre alle amiche: "Non c'è bisogno che te lo dica, ma se hai intenzione di assumere una collaboratrice domestica che sia in nero. E mi raccomando: brutta come la baby-sitter".

CONCORRENZA La si deve tirare in ballo per giustificare i licenziamenti, pardon, gli esuberi, o la manifesta incapacità di un dirigente nel momento in cui lo si allontana o lo si obbliga a rassegnare le dimissioni. Si usa spesso anche in politica quando occorre spiegare ai cittadini perché non sono state mantenute le promesse fatte in campagna elettorale. Dire sempre: "Dobbiamo inoltre tenere presente la concorrenza degli indiani e dei cinesi".

CRESCITA Vedi FLESSIBILITÀ. Vedi SVILUPPO.

CRISI La si usa per giustificare il crescente divario tra gli emolumenti dei manager e gli stipendi dei lavoratori, nonché per avallare le misure di austerità che impoveriscono ulteriormente i secondi arricchendo vieppiù i primi. È a tutti gli effetti un metodo di governo e uno strumento di controllo: grazie allo stato permanente di crisi, le vite degli odierni *Lumpen* spinti a indebitarsi per mezzo di mutui e carte di credito sono ostaggio delle classi dominanti, che possono fare e disfare a piacimento contando sul fatto che la costante paura del futuro costringe i meno fortunati a farsi bastare le briciole. Nei commenti e negli editoriali, stigmatizzare duramente il movimento dei Gilet Gialli senza indagare sulle motivazioni della loro protesta, tra cui la richiesta di una maggiore equità in fatto di retribuzioni e sicurezza sociale.

DISOCCUPATI Stabilito nelle sedi opportune che definirli così suona male, li si definisce ora "in attesa di occupazione". In certi casi si può usare "temporaneamente in cerca di lavoro", specie quando si sa già che ci si stancherà presto di cercarlo. Dire sempre: "Finché campano, sto coi miei". Dire anche: "La verità, cara mia, è che tuo figlio non ha voglia di lavorare. Io alla sua età...". Progettare: "E se io anziché chiamare le pompe funebri la metto in freezer e m'intasco la pensione?".

ESUBERI Hanno soppiantato gli ormai obsoleti e ineleganti licenziamenti, diventando "opportunità per cambiare carriera". Dire sempre: "Voglio essere chiaro e allo stesso tempo rassicurarvi: è per il bene dell'azienda e in primo luogo dunque dei lavoratori che stiamo pensando a degli esuberi, in ogni caso non saranno grandi numeri e si tratta pur sempre di un'opportunità per cambiare carriera". Chissà perché, anni fa in Francia tra gli operai prese piede la moda di rapire per alcune ore o anche per alcuni giorni i dirigenti responsabili di esuberi. Ma si sa, le mode passano. Salvo inattesi revival.

FANNULLONI Si può usare solo in riferimento agli impiegati pubblici, in certi casi difficilmente difendibili anche dai migliori sindacalisti, e solo qualora si ricopra ai più alti livelli un incarico ministeriale. In tutti gli altri casi, usare al singolare "persona priva di motivazioni".

FILIPPINA Vedi COLF.

FLESSIBILITÀ Usare l'argomento "legge Biagi" e ricordare l'assassinio del giuslavorista da parte delle nuove Br a chiunque osi criticare il totem della flessibilità e le norme sul precariato. Dire sempre: "Il nostro obiettivo è la crescita. Per raggiungerlo occorrono riforme che vanno fatte subito. E innanzitutto, più flessibilità". Vedi LEGGE BIAGI. Vedi PRECARIATO. Vedi RIFORME.

GILET ARANCIONI La versione italiana di quelli gialli francesi, con tutto ciò che ne consegue. Sostenere che la nota pandemia sia un'invenzione. Scendere in piazza senza mascherina. Dopo un paio di settimane, al primo starnuto, fare spallucce ma sotto sotto preoccuparsi.

GILET GIALLI Evitare con cura di esporre in modo esaustivo le loro rivendicazioni, tra cui sono prevalenti quelle di carattere sociale, spiegando che vogliono soltanto evitare di pagare la sovrattassa sui carburanti e che dunque sono non solo violenti ma anche antiecologisti, oltre che intimamente fascisti. Se esponenti del Pd, stigmatizzare duramente il fatto che vogliano introdurre un tetto agli stipendi dei manager.

Glissare sul fatto che per la stragrande maggioranza appartengono in realtà a quella che un tempo era la classe media, impoverita dalle politiche neoliberiste e dalla globalizzazione da tempo sposate anche da quella che ancora ha il coraggio o se preferite la sfacciataggine di definirsi sinistra. Vedi CRISI.

KEBABBARI Vi si mangia a poco prezzo, a meno di non essere vegani. Azzardare: "Questo è il miglior kebabbaro della città". Se amministratori leghisti di un comune, auspicare il ritorno a un'alimentazione tradizionale e proibire l'apertura di nuovi esercizi di questo tipo, così da ottenere ampia eco sui giornali. Se dal kebabbaro si incontra un gruppo di skinhead tatuati con tanto di bomber e croce celtica o martello di Thor al collo, e questi anziché incendiare il negozio stanno consumando tranquillamente un kebab per il semplice motivo che nonostante tutto a loro il kebab piace, fingere di non vederli. Secondo i puristi si dovrebbe comunque dire "kebap" e quindi "kebappari", ma sostituire tutte le insegne è un costo che soprattutto alla luce di questa congiuntura non possiamo permetterci. Vedi KEBAPPARI.

KEBAPPARI Vedi KEBABBARI.

LAVAVETRI Stigmatizzare duramente i sindaci che promulgano norme antilavavetri. Mostrare stupore visto che i sindaci in questione sono non di rado di sinistra. Fingere di non sentire se per caso qualcuno vi fa notare che altrove in Europa non se ne vedono a ogni incrocio. Dire sempre: "Sono ben altri, i problemi del Paese". Quando si avvicinano al parabrezza, fare segno di no e se insistono azionare i tergicristalli e/o avanzare fino a quanto il semaforo o le auto in coda lo consentono e/o estrarre la mazza da baseball che si tiene per precauzione sotto il sedile nel caso ci si trovi a dover discutere con un altro automobilista per stabilire chi abbia la precedenza riguardo a un parcheggio.

LEGGE BIAGI Se in presenza di giornalisti, tenere a mente che riferirsi al professor Biagi come a un "rompicoglioni" non è molto democristiano e nemmeno tanto educato. Contare comunque sul fatto che la gente ha la memoria corta e che nel proprio "feudo" – così è definito dai giornali il proprio collegio elettorale – si viene comunque rieletti. Citarla sempre se qualcuno mette in discussione la flessibilità e il precariato e fa notare che i giovani non hanno la possibilità di progettare il loro futuro: in questo modo si blocca sul nascere ogni critica, visto che il giuslavorista è stato ucciso dalle nuove Br e che nessuno ci tiene a passare per fiancheggiatore o simpatizzante delle medesime.

MERCATO In veste di confindustriali, esaltarlo a ogni piè sospinto, magnificando le meraviglie del liberismo, della competitività e della concorrenza e definendo "riforme" le leggi che di fatto riducono o azzerano i diritti dei lavoratori. Poi, alla prima crisi, invocare l'aiuto dello Stato.

MOBILITÀ Ha preso il posto della "cassa integrazione". Dire sempre: "Contiamo di superare al più presto la difficile congiuntura economica. Intanto però ciascuno deve fare la sua parte. Quindi i nostri dipendenti usufruiranno di un breve periodo di mobilità". Poi salutare educatamente i giornalisti presenti e imbarcarsi per Dubai con la modella russa noleggiata per l'occasione.

MORTI BIANCHE Non accennano a diminuire. Spesso hanno per protagonisti involontari lavoratori che svolgono le famose mansioni da cui gli italiani si tengono alla larga. In veste di datori di lavoro, dichiarare: "Ma cosa volete che ne possa sapere io se quelli operano senza le dovute protezioni?".

NETTURBINI Non li si può più chiamare così. Malgrado la parola derivi da un concetto apparentemente inoffensivo quale "nettezza urbana", potrebbero offendersi. Vedi OPERATORI ECOLOGICI.

NULLAFACENTI Dire sempre: “Mio figlio? Studia”.

OPERAI Residuati novecenteschi presto sostituiti dai robot. Finché durano, candidarli per le elezioni specie all’indomani di un incidente sul lavoro in cui alcuni colleghi hanno perso la vita, magari accanto a imprenditori e a transgender, anche se da decenni non ci si fa vedere agli ingressi di Mirafiori e se oltre a non farsi vedere agli ingressi di Mirafiori si sono sposate a tutti gli effetti le tesi del capitalismo liberista e dell’economia di mercato, assecondando i desiderata di Confindustria, banche locali e finanza internazionale. Dopo un mandato o al massimo due, non candidarli più perché tanto non fanno più notizia e poi perché è necessario garantire uno scranno in parlamento a chi di dovere. Dire sempre: “Occorre mettere da parte le beghe della *politique politicienne* che la gente non capisce, e riportare al centro dell’attenzione i bisogni dei ceti meno abbienti. Comunque le liste le decidiamo noi, al meccanismo delle preferenze non si torna nemmeno per le primarie. Chiaro?”.

OPERATORI ECOLOGICI Assumerne in gran numero per garantirsi i voti necessari alla rielezione non garantisce automaticamente la soluzione del famoso problema rifiuti. Vedi NETTURBINI.

PERSONALE OSPEDALIERO Se politici di qualsivoglia schieramento, elogiarne in tivù lo spirito di sacrificio mostrato in occasione della pandemia Covid-19 e deprecare i tagli alla sanità dopo averli apportati quando si era al governo.

PLUSVALENZE Usando questa parola mantenersi sul vago per evidenti ragioni fiscali. Se si sta parlando di calcio, citare sempre tra gli altri lo scandalo omonimo ma concludere rimarcando che comunque il vero problema sono gli ultras. Corrugare le sopracciglia: “Certo che sì, confermo che quest’anno abbiamo registrato delle plusvalenze”.

PRECARI Prima promulgare le leggi che li hanno resi tali privandoli di qualsivoglia diritto. Poi sostenere di battersi per loro e per i loro diritti.

PRECARIATO A seconda dei punti di vista, lo strumento indispensabile al buon andamento delle aziende e dunque dell'economia e perciò del Paese (anche se in effetti le aziende delocalizzano, l'economia è in panne e il Paese è in conclamata decadenza), oppure la piaga sociale che impedisce perfino di prendere una stanza in affitto. Dire sempre: "Flessibilità e competitività sono indispensabili alla crescita del Paese", anche se di fatto pregiudicano il futuro delle nuove generazioni e dunque inevitabilmente anche del Paese. Vedi LEGGE BIAGI.

PRIMO MAGGIO "L'Italia è una repubblica democratica, fondata sul lavoro": così recita l'articolo 1 della Costituzione. Peccato che oggi come oggi il lavoro in questione sia in linea di massima precario e non di rado in nero, il che non va esattamente a onore della repubblica democratica in questione. Comunque: se in occasione della festa dei lavoratori si ha intenzione di esternare la propria vicinanza ai medesimi, evitare di pubblicare – specie se facenti parte di un ente pubblico – un manifesto con la dicitura "Solo il lavoro rende liberi", onde non incorrere in spiacevoli malintesi e non dare adito a sospetti, per tacere della ferma indignazione che chiunque dovrebbe sapere di poter suscitare data la sinistra (o destra?) somiglianza con l'*Arbeit macht frei* che ornava il cancello d'ingresso in quel di Auschwitz. Organizzare il famoso "concertone". Invitare i Modena City Ramblers e/o Jovanotti. Assicurarsi che almeno uno dei gruppi o cantanti in scaletta canti *Bella ciao*. Evitare di chiedersi se tra coloro che montano il palco o si occupano della tecnica vi sia qualche precario. Se costretti a casa dalla nota pandemia, guardare il "concertone" in streaming ordinando una pizza a un rider di quelli che lavorano a cottimo per pochi euro e senza alcuna garanzia.

REGOLARIZZARE Lo si fa con gli ex migranti poi non di rado stanziali, specie se braccianti sfruttati dai caporali, per permettere l'arrivo dei pomodori sulle nostre tavole.

RETTIFICARE Quando si procede a licenziamenti di massa bisogna ricordarsi di comunicare agli organi di informazione che si sta solo "rettificando un sovrappiù di risorse umane". Dire sempre: "Grazie alla rettifica del sovrappiù di risorse umane, la nostra azienda è di nuovo competitiva".

RICOLLOCARE È bene usare questo termine quando per qualche motivo si è deciso di sbarazzarsi di un/una dipendente o più. Chi viene così ricollocato non di rado finisce per ricollocarsi anche per strada, dormendo sotto i portici e chiedendo l'elemosina.

RIFORME Chiamare così qualsiasi provvedimento teso a modernizzare il mercato del lavoro, ovvero a ridurre o sopprimere o cancellare uno o più diritti dei lavoratori, anche se sanciti ormai da tempo dall'apposito Statuto. Fingere di non sapere che a tutti gli effetti si tratta in realtà di controriforme. Dire sempre: "È giunta l'ora delle riforme".

SPAZZINI Vedi OPERATORI ECOLOGICI.

SUONATORI AMBULANTI Anche se spaccano i timpani a un metro da dove si sta pranzando, ignorarli o addirittura – specie se alla prima uscita con una ragazza chiaramente di sinistra – fingere di apprezzarli. La cosa si rivela più complessa nel momento in cui si è in pausa pranzo nel dehors del solito locale e davanti a questo ci sono i soliti suonatori che da anni suonano le solite musiche.

SVILUPPO È di moda solo quello sostenibile. Se qualcuno obietta che per come abbiamo ridotto il Pianeta a questo punto lo sviluppo sostenibile non esiste più – vedi il recente report dello European Environmental Bureau secondo cui il mito della "crescita verde" porterà al collasso ecologico – e attacca a parlare di "decrescita" e di "riduzione dei consumi", stringersi nelle spalle come se si trattasse di un povero deficiente ma ricordarsi di segnalarlo ai body-guard. Dire sempre: "Il nostro obiettivo deve essere ed è lo sviluppo sostenibile".

VENDITORI AMBULANTI Anche se in spiaggia si sta dormendo o si sta leggendo un libro o si sta parlando con la fidanzata, accogliere con un sorriso non solo il primo ma pure il trentesimo e i seguenti. Se elettori della Lega, invece, sbottare: "Madonna che rottura di coglioni" e aizzargli contro il cane. Dire sempre: "Che dici, gliela compriamo 'sta borsetta Louis Vuitton?" Poi, rivolti al venditore ambulante: "Però ci fai lo sconto, eh?". Vedi VU' CUMPRA'.

VU' CUMPRA' Usare questa espressione è da razzisti e dunque da fascisti. Dire sempre: "Massì, tanto si sa che ormai anche la roba che compri nelle boutique la fanno i cinesi". Dopo una breve pausa, aggiungere: "C'era anche nel film di Saviano". Vedi VENDITORI AMBULANTI.

La società

L'unica a fare davvero testo è quella cosiddetta civile, anche se spesso malgrado la si invochi latita, al contrario di quella incivile. Quella civile vota in un certo modo, quella incivile non vota oppure vota in quell'altro modo, o peggio in quell'altro ancora. Quella civile fa la raccolta differenziata, quella incivile no. Quella civile faceva i girotondi, quella incivile fa le ronde o gli scontri. Quella civile va in vacanza a Capalbio o comunque in agriturismo in Toscana, quella incivile al Billionaire o comunque in Costa Smeralda. Eccetera.

Oltre alla società civile e alla società incivile, c'è poi la società per azioni. "È tutta colpa della società," ripete da sempre un gran numero di soggetti. Chi non vuole correre alcun rischio si mette in società solo con se stesso. La società, secondo papa Bergoglio, deve sempre essere aperta. Secondo Zygmunt Bauman più che altro è liquida, e si trova anche sotto assedio. Ad assediarla, sostiene Baricco, sono i barbari. E pare sia una gran figata. Specchio della società era un tempo soprattutto il calcio, mentre oggi sono naturalmente i social. Che come si è detto non di rado si rivelano antisocial.

ABORTO Ci si divide fra chi ritiene che il diritto all'aborto sia un progresso per le donne, ma meno per l'embrione, e chi sostiene che sia un crimine contro l'Umanità, il che trova il consenso dell'embrione ma non delle donne. In ogni caso, visto che fin dalla prima ecografia si sente battere il cuore del feto anche se quest'ultimo è grande quanto un fagiolo, anzi meno, risulta più comodo e asettico usare l'espressione "interruzione di gravidanza". Essere perfettamente consapevoli che malgrado si sia entrati nel terzo millennio non poche donne e minorenni usano l'aborto come una forma di contraccezione, ma inveire contro chi utilizza questo argomento per chiedere di rivedere la legge 194. Se si sospetta che la propria figlia abbia abortito, riflettere prima di affrontare l'argomento perché bisogna averne davvero voglia. Esclamare sbigottiti: "Ma che è quell'aborto?" quando ci si imbatte in un edificio firmato da un architetto di grido o "archistar", oppure in un'opera d'arte contemporanea. Chi è contro l'aborto è un fascista.

AGRITURISMO L'unico luogo in cui ormai è consentito andare in vacanza senza sensi di colpa, pur usando l'auto: basta che sia elettrica o almeno ibrida. Dire sempre: "Però mi aspettavo qualcosa di più dalla colazione".

ALCOLICI Se un sindaco prende provvedimenti per impedire che decine, anzi centinaia di universitari, punkabbestia e studenti Erasmus si diano appuntamento in piazza ogni sera per ubriacarsi e schiamazzare fino a notte inoltrata, riducendo la piazza medesima a una latrina tra schizzi di urina e pozze di vomito e impedendo al resto dei cittadini che compongono la comunità di dormire malgrado la mattina si alzino presto per andare al lavoro, dare immediatamente al suddetto sindaco del fascista. E sbattersene se ha passato una vita in Cgil e lo chiamavano "il Cinese". Cantare *Bella ciao*. Inalberarsi sempre: "Compagni! È ora di dire basta a queste provocazioni fasciste!".

ALLARGATA Oggi come oggi deve esserlo la famiglia. Meglio ancora se multietnica o composta da due uomini o da due donne con uno o più figli avuti grazie all'utero in affitto. Chi rimpiange quella tradizionale è per definizione un razzista sovranista leghista, dunque un fascista.

ANTIABORTISTI I più noti sono il papa di turno e l'eterno Giuliano Ferrara. Inveire contro. Dire sempre: "Ma che ne sa lui dell'aborto, quel ciccione?".

ANTROPOCENTRISMO FALLOCENTRICO Lo si stigmatizza va da sé duramente anche in chat tra femministe e intellettuali di sinistra, a cui però non di rado in privato (testuali parole) "piace il cazzo". Rilevare che comunque non c'è contraddizione tra le due posizioni: una cosa infatti è l'antropocentrismo fallocentrico, e un'altra cosa è il cazzo. Vedi CAZZO.

BAMBOCCIONI (2) Definire a questo modo coloro i quali passati i quarant'anni vivono ancora a casa e magari anche a spese dei genitori provoca la pubblicazione di un numero altissimo di articoli su giornali e settimanali e l'invio di un numero ancora più alto di lettere di protesta a giornali e settimanali da parte di quarantenni che vivono ancora a casa e magari anche a spese dei genitori e si ritengono offesi da tale parola, specie se pronunciata da un ministro e in un contesto di crisi economica in cui disoccupazione e precariato si intrecciano a inflazione ed esaurimento ormai prossimo della pazienza dei genitori. Dunque, evitare. Dire sempre: "Ho spedito un mucchio di curriculum, ma non mi hanno ancora risposto".

BARBONI Se Dio vuole, non vagano più per le nostre città. Ciò è stato ottenuto grazie all'adozione, in un primo momento, del termine "senzatetto", poi sostituito da "senza fissa dimora" e infine dal più efficace "involontariamente privi di domicilio". Dire sempre: "Da noi abbiamo risolto il problema costituito dai barboni. Quel tipo che dorme in strada laggiù? No, è solo una persona involontariamente priva di domicilio". A Torino poco tempo fa una coppia involontariamente priva di domicilio ha dormito mangiato eccetera per diciotto mesi in piazza San Carlo, il cosiddetto salotto buono della città. Ma senza divano letto. Il che ha turbato molti. Il turbamento ovviamente derivava dal fatto che i due si fossero accampati proprio lì, a due passi da boutique di lusso e istituti bancari, non dal fatto che in pratica l'1 per cento della popolazione della Terra detiene il 90 per cento delle ricchezze.

BIO Dopo essersi dissanguati alla cassa, dire sempre: "E speriamo sia davvero tutta roba bio come c'è scritto".

BIOCARBURANTI Esaltarsi in un primo momento perché così forse si inquina meno e ci si sottrae alla schiavitù del petrolio. Cogliere la prima occasione per esprimere pubblicamente grande ottimismo. Poi rimangiarsi tutto, perché nei Paesi cosiddetti in via di sviluppo la gente non ha più di che vivere a causa del metodo con cui li si ricava. Esortare la collettività a non usare l'auto, o ancora meglio a comprarne una elettrica o almeno ibrida. Dire sempre: "È nostro dovere essere ottimisti". Confidare nel fatto di essere ancora in salute quando verranno aperte al pubblico pagante le prime colonie su Marte.

BIODINAMICO Ovvero il "bio" all'ennesima potenza. Dopo essersi dissanguati alla cassa, dire sempre: "E speriamo che sia davvero tutta roba biodinamica come c'è scritto".

BIOLOGICO Vedi BIO.

BIOSFERA Se si entra in un discorso sulle sorti del Pianeta, citarla sempre con aria preoccupata anche se non si hanno le idee troppo chiare in merito a che cosa sia, fermo restando il fatto che trattandosi di sfera non è né piatta né quadrata, e nemmeno ottagonale. Dire sempre: "Figurati se non hanno già trovato un'energia alternativa al posto del petrolio. Ma le multinazionali non vogliono che si sappia". Specificare dopo averlo detto di non avere nulla a che fare coi complottisti. Se complottisti, sforzarsi di dimostrare che la Terra è piatta senza far ridere l'uditorio. Scordarsi delle preoccupazioni sulle sorti del Pianeta nel momento in cui con un'alzata di spalle si prenotano i voli per le prossime vacanze: "Tanto lo fanno tutti, non vedo perché dovremmo rinunciarci proprio noi". Vedi COMPLOTTISTI.

BRIATORE Frequentare le sue feste in villa in Kenya, ma smentire categoricamente di averlo fatto malgrado su Dagospia siano presenti le prove fotografiche. Criticare chi frequenta il Billionaire, ma fare di tutto per esservi invitati.

CAMORRA La principale industria del Paese insieme con la mafia, la 'ndrangheta e la Sacra Corona Unita. In veste di scrittori, elogiare pubblicamente e a ogni occasione Saviano nonostante l'invidia lancinante per il numero di copie vendute, i film, le serie e le ospitate tivù, i compensi per i commenti su "Repubblica", i sei mesi all'anno a New York, tutto insomma tranne la scorta. Consolarsi dei milioni di euro accumulati da Saviano con il fatto che Saviano vive sotto scorta e ha dichiarato che non ce la fa più a essere Saviano. Schierarsi sempre e comunque dalla parte di Saviano, specie nelle occasioni in cui questi si contrappone a Salvini. Lasciar comunque cadere con nonchalance una battuta perfida su Saviano, tipo: "Ma secondo te il libro di Saviano l'hanno letto tutti quelli che l'hanno comprato?". Rimuginare amaramente sul fatto che comunque si darebbe una mano per vendere quanto ha venduto Saviano e, nel caso, non si starebbe tanto a sottilizzare su chi ha letto che cosa.

CANCELLARE Lo si fa con Kevin Spacey a causa dei noti fatti, indipendentemente dal suo talento d'attore, e con Woody Allen e Roman Polanski, indipendentemente dal loro talento di registi. Non lo si fa con Kobe Bryant, accusato in passato di molestie, non per via del suo talento da sportivo ma perché è morto in un tragico incidente.

CANI Garantiscono i "mi piace" sui social, alla pari dei gatti. Dire sempre: "Non capisco quelli che preferiscono i gatti". In veste di direttori di quotidiani anche nazionali, accertarsi che ogni giorno l'edizione web riporti una notizia su un cane. Vedi GATTI.

CANNE Non farsi le canne all'università, ma che dico, alle superiori, anzi, alle medie, e perché no, alle elementari, non è solo da sfigati ma inevitabilmente suscita sospetti: chi è contro la liberalizzazione infatti è un fascista. Si raccomanda di farsele anche a cinquant'anni la sera in compagnia dei figli. Dire sempre con orgoglio: "Più che un rapporto tra genitori e figli, tra noi c'è un rapporto di amicizia".

CAPALBIO Se direttori di giornale, ricordarsi ogni estate di far scrivere un articolo su chi ne frequenta oggi la spiaggia, più un approfondimento su chi la frequentava ieri. Rilevare: "Una volta gli ombrelloni erano rossi, oggi sono blu. Ma la politica non c'entra".

CARCERATI Nel caso altamente improbabile che si tratti di politici, andare a far loro visita in veste di parlamentari e ottenere un colloquio a quattr'occhi. All'uscita, dichiarare ai giornalisti: "È prostrato dalle condizioni in cui si trova". Il papa di turno ogni anno a Natale si reca in visita a Regina Coeli. Invocare il carcere per chi commette reati relativi alla corruzione. Ma in veste di ministro mettere in guardia contro il rischio di condannare degli innocenti, specie se in passato si è difeso l'onorevole Giulio Andreotti. In veste di parlamentare invece invocare la certezza della pena dopo che in parlamento si sono approvate leggi tali da impedirla. Dichiararsi orgogliosi dei propri genitori ai domiciliari con l'accusa di false fatturazioni e bancarotta fraudolenta. In ogni caso, se in vicende giudiziarie sono coinvolti politici o parenti di politici, dichiararsi sempre e comunque "garantisti". Se intellettuali di sinistra impegnati politicamente, proclamare sui social l'inutilità della detenzione e chiedere la chiusura di tutte le carceri. Una volta eventualmente raggiunto l'obiettivo, augurarsi di non imbattersi mai in una squadraccia di picchiatori fascisti: abolite le carceri, rimarrebbero infatti a piede libero.

CASALINGHE Definirle così non è simpatico, a meno che non ci si riferisca a quelle "disperate" dell'omonima serie tivù. Nel caso, correggere immediatamente il tiro aggiungendo che sono multitasking. Dire sempre: "Embè? Che ti credi?

Che se una fa la casalinga, allora non è come se lavorasse?". Vedi MULTITASKING.

CENTRI SOCIALI Sempre antagonisti e antifa e sempre a favore dei migranti e della liberalizzazione delle "sostanze". Se però alcuni migranti ormai stanziali sono dediti allo spaccio di "sostanze" nei dintorni del centro sociale a cui si appartiene, farli sloggiare con le buone o con le cattive spiegando che nei pressi c'è anche una scuola elementare, per tacere del fatto che la loro presenza richiama le forze dell'ordine, pardon, gli sbirri. Specificare che in ogni caso non si ha nulla contro chi fa uso di "sostanze" decidendo liberamente del proprio corpo. Organizzare feste e cene per la liberalizzazione delle "sostanze". Vendere a prezzo politico libri che raccontano la storia dell'uso delle "sostanze" dal Paleolitico ai giorni nostri. Magnificare l'uso ricreativo delle "sostanze" glissando sulla sorte toccata non solo a Syd Barrett. Stigmatizzare duramente eventuali ronde anti-pusher organizzate da Casa Pound.

CHIUSURE DOMENICALI "Le facessero ad Avellino, a Milano non ci rompano le palle." Dichiarazione pre-pandemia di Beppe Sala. Fare uno sforzo mentale e immaginarsi le reazioni se a pronunciare le medesime parole fosse stato un sindaco leghista.

CIOCCOLATO Se si ricopre il ruolo di amministratore delegato di una nota ditta produttrice, evitare di affermare in pubblico di essere contrario ai matrimoni gay e all'aborto, pena vedersi eliminare dai fornitori della Swiss Air, indipendentemente va da sé dalla bontà del prodotto in questione.

CLANDESTINI (2) L'uso di tale termine non è consentito. Tra chi ne ha fatto le spese, l'onorevole Debora Serracchiani del Pd, accusata come ricordato di averlo adoperato. Si dice "migranti". O meglio ancora "rifugiati". Se qualcuno insinua che nella maggior parte dei casi sono semplicemente "migranti economici" è un razzista sovranista leghista, dunque un fascista. Nel 2013 l'Adnkronos annunciò che, in ossequio a quanto stabilito dalla Carta di Roma in merito all'uso di un linguaggio politicamente corretto da parte di chi scrive sui giornali, non avrebbe più usato nei suoi comunicati il termine "clandestini" per indicare gli immigrati irregolari presenti sul nostro territorio: e già riferirsi a questi ultimi come "immigrati" e "irregolari" naturalmente non andava bene. C'è chi ha suggerito di usare la perifrasi seguente: "Persone temporaneamente residenti in una nazione che altrettanto provvisoriamente le considera illegalmente stanziate nei suoi confini ma senza con ciò discriminarle per carità di Dio". Fermo restando che per cert* intellettual* di sinistra l'idea stessa di stato e/o di nazione è "l'origine di tutti i mali". Anche se in effetti loro sono diventat* intellettuali studiando in una serie di scuole e università statali. O erano private?

COMPLOTTISTI Non è facile capire se siano nel giusto o semplicemente matti, dipende va da sé dai complotti a cui danno credito, ma non solo. Sta di fatto che un conto è mettere in discussione lo sbarco sulla Luna e la sfericità della Terra, i vaccini e le scie chimiche, un altro è alludere all'11 Settembre: vedi le critiche piovute sul recentemente scomparso Giulietto Chiesa, storico corrispondente da Mosca del quotidiano "La Stampa".

COMUNITÀ SEPARATE Stigmatizzarle duramente in pubblico, specie in occasione di dibattiti tra intellettuali nel corso di festival in località tendenzialmente gradevoli, denunciandone la fioritura con tanto di sicurezza privata, muri di recinzione e telecamere di sorveglianza, accennando al "nuovo Medioevo" e alle crescenti diseguaglianze che affliggono le popolazioni del Pianeta. Poi per una volta mostrare coerenza e lasciare la propria abitazione ai Parioli o sull'Île Saint-Louis o a Capalbio per prendere casa con la propria famiglia in una favela di Rio de Janeiro o nella periferia di Johannesburg oppure anche solo a Scampia, e stare a vedere che succede.

CONDIZIONE FEMMINILE Ormai la si tira in ballo anche sui campi da tennis, sostenendo che il giudice maschio ha penalizzato la tennista femmina togliendole un game dopo essersi preso del "ladro" ma che non avrebbe fatto la stessa cosa nei confronti di un tennista maschio. Rimarcare, ma con estrema cautela, che anche la condizione femminile nei Paesi islamici e in un gran numero di famiglie islamiche in Europa non brilla quanto a emancipazione, però chiarire subito che occorre rispettare le varie tradizioni e culture eccetera in modo da non passare per razzisti sovranisti leghisti, dunque per fascisti. Richiamare piuttosto a gran voce l'attenzione sul fatto che nella Chiesa cattolica le donne sono discriminate visto che non possono dire messa. Citare il movimento #metoo. Ergersi a portabandiera del medesimo, salvo poi venirne scaricate per i noti motivi. Rivendicare la parità ma in sede di divorzio cercare di strappare all'ex più soldi di quanto realisticamente sia non solo giusto ma anche possibile, e se finisce a dormire in auto o proprio per strada pazienza: le azioni hanno delle conseguenze, doveva pensarci prima, insomma l'ha voluto lui. Dire sempre, specie se uomini e progressisti, soprattutto qualora impegnati in politica: "Arrivati nel terzo millennio, le perduranti discriminazioni nei confronti delle donne sono intollerabili". Poi però cercare anche di comportarsi di conseguenza.

CONDOTTA (2) Se si scende in politica o si lavora nel mondo del cinema o dello spettacolo, dev'essere irreprensibile, specie dal punto di vista sessuale: pena venire travolti dalle critiche di chi sui social – ma non solo – si sente in diritto di giudicare gli usi e costumi altrui senza naturalmente badare ai propri.

CORONAVIRUS Per non essere contagiati, non frequentare i luoghi affollati e i mezzi pubblici e lavarsi spesso le mani, evitando scrupolosamente ogni contatto col prossimo. Quindi picchiare il primo cinese che si incrocia per strada accusandolo di diffondere il morbo.

CPT Equipararli ai lager nazisti anche se non li si può chiamare propriamente né "campi di lavoro", visto che non vi si lavora, né "campi di sterminio", visto che non vi si viene sterminati. Ignorare che i primi campi di concentramento sono stati inventati dagli inglesi nella guerra contro i boeri. Ignorare altresì che il primo politico a pronunciare in pubblico l'espressione "campo di concentramento" fu Lenin, molto prima dell'avvento di Hitler. I due tra l'altro per un certo periodo abitarono a Monaco di Baviera nella stessa strada. Comunque. Dire sempre: "CPT uguale lager". Ribadire: "Siamo tutti clandestini". Stigmatizzare duramente la politica nei confronti dei migranti del governo in cui al Viminale sedeva Salvini. Definire "lager" anche i centri di detenzione libici, dove vengono torturati gli uomini e torturate e stuprate le donne e le bambine. Glissare sul fatto che – come si è detto, ma giova ripeterlo – i centri di detenzione in questione sono stati creati dai libici in base agli accordi col precedente governo, quando ministro dell'Interno non era il Salvini della Lega ma il Minniti del Pd.

CRISTOFORO COLOMBO Negli Stati Uniti, in osservanza ai dettami del politicamente corretto, abbattere le statue che lo celebravano. Meditare se sia il caso di farlo anche da noi. Meditare anche se, in base allo stesso principio, non sia il caso di abbattere per esempio le statue ancora presenti a Roma di tutti gli imperatori romani, in quanto schiavisti, nonché i busti e i monumenti dedicati ai papi che nel corso dei secoli hanno avuto a che fare con l'Inquisizione.

DISCOTECHE Considerate le leggi attualmente in vigore, se proprietari o soci smentire categoricamente che nel proprio locale circolino sostanze stupefacenti o che si vendano alcolici a minori. Dire sempre: "Guardi, qui da noi gli spacciatori non entrano". Aggiungere, strofinandosi il naso: "Per quanto ne so io, è successo fuori dal locale". Organizzare serate in cui si sensibilizzano i giovani sui pericoli derivanti dall'abuso di alcolici, invitandoli all'uso di un "Bob", l'autista che resta sobrio per riaccompagnare gli amici a casa, salvo poi definirlo in privato "un deficiente". In ogni caso non fare una piega se le bariste servono da bere mojito e vodka lemon e Moskow Mule anche ai dodicenni.

DROGATI Evitare di chiamarli così in modo da non passare per fascisti. Evitare anche il termine "tossici". Usare piuttosto "persone che fanno presumibilmente uso di stupefacenti". In base all'analisi delle acque reflue dei fiumi, imbattersi in un consumatore di cocaina o di altre sostanze non dovrebbe essere in Italia un evento propriamente straordinario. E se a Washington si sono trovate tracce di coca sul 95 per cento dei biglietti di banca in circolazione in città, a Roma dalle parti della Sapienza le si è trovate nell'aria. Gridare: "Aiuto! Mi ha scippata una persona che fa presumibilmente uso di stupefacenti!". Nel caso si sieda in parlamento, evitare con cura di far sapere agli elettori che si fa uso anche solo a scopo ricreativo di sostanze stupefacenti. Bollare ogni eventuale richiesta di test tossicologici ai parlamentari come "lesiva della dignità delle istituzioni" e respingerla senza se e senza ma. Nel caso si abbia il sospetto o anche la certezza che un figlio faccia uso di stupefacenti, ponderare attentamente se affrontare spiacevoli discussioni tirando fuori l'argomento a cena, anche perché poi ci si dovrebbe occupare della cosa. Respingere al mittente l'offerta di un kit gratuito da parte della Regione per fare il test alla prole in età scolare. Dire sempre: "Chi? Mio figlio? Mai!". Vedi INTELLETTUALI.

EX Si usa per riferirsi in pubblico al partner precedente, detto "la mia ex" o "il mio ex" anche se in privato si usa molto più spesso "quella merda".

FACEBOOK Il social preferito dagli over 30. Secondo alcuni, un immondezzaio dove ci s'imbatte in fake news e commenti politicamente scorretti, pieno di troll e di bot controllati dai servizi russi. Affermare: "Sto pensando di togliermi da Facebook". Non farlo. Descriversi sempre come "solari". Scrivere *R.i.p.* quando si apprende la notizia della morte di una rockstar. Stringersi nelle spalle: “E insomma, alla fine ci siamo separati”.

FEMMINICIDIO Lo si deve adoperare quando viene uccisa una donna. Chiedersi se sia il caso di usare “gaycidio”, “lgbtqicidio”, “migranticidio”, “diversamenteabilicidio” eccetera.

FEMMINISTE C’è chi ne ha riscoperto l’esistenza grazie a un hashtag, nei giorni del #metoo. Di tanto in tanto giustamente insorgono contro l’antropocene fallocentrico. Ma sorprende il fatto che non insorgano tutti i giorni, magari indicendo anche manifestazioni di piazza, per il modo in cui per esempio vengono trattate dai loro mariti e padri e fratelli non poche donne rom o nordafricane. Ragion per cui pur con tutta la buona volontà non si può non rilevare una discrepanza tra l’adesione alla campagna per lo *ius soli*, a cui si associano innumerevoli femministe, e la condizione femminile all’interno delle comunità che in base a tale principio si vorrebbero integrare. Senza contare che per integrarsi bisogna essere in due.

GATTI Garantiscono i “mi piace” sui social, alla pari dei cani. Dire sempre: “Non capisco quelli che preferiscono i cani”. In veste di direttori di quotidiani anche nazionali, accertarsi che ogni giorno l’edizione web riporti una notizia su un gatto. Vedi CANI.

GENDER GAP Apprezzare che Michela Murgia abbia specificato come il gender gap riguardi non solo la destra ma anche la sinistra.

GENITORIALITÀ Se trans che ha partorito un figlio, battersi per essere riconosciuto come padre anziché come madre. Per tacere del fatto che questo Freddy avrebbe dovuto dire: “Io, Genitore 1 del bambino che ho partorito”.

IDENTITÀ Va tutelata solo quella delle minoranze, alla pari delle loro tradizioni. Qualsiasi accenno alla medesima in qualsivoglia contesto da parte di un maschio bianco occidentale è da considerarsi sinonimo di razzismo, sovranismo, leghismo, dunque di fascismo, a meno naturalmente che non si sostenga la necessità di liberarsene una volta per tutte o non si ribadisca di volerla quantomeno "mettere in discussione", come se non lo fosse già dalla pubblicazione dell'*Ulisse* di Joyce o dell'*Uno, nessuno e centomila* di Pirandello. Si può invece parlare tranquillamente di identità femminile e/o migrante e/o rom e/o araba e/o della "seconda generazione" sostenendo come essa vada al contrario affermata, riaffermata, tutelata, preservata, rivendicata e via di questo passo. Dire sempre: "Il futuro è nel meticciato", ma evitare di commentare il fatto che, in Paesi come l'Inghilterra, in ambito universitario si sale automaticamente di punteggio in graduatoria se si appartiene a una qualche minoranza, cosa che se ci si pensa è a tutti gli effetti una discriminazione al contrario, alla pari delle famose "quote rosa", fermo restando che queste allo stato delle cose sono comunque necessarie e che tutti i maschi specie ma non solo con ruoli di potere dovrebbero leggere e imparare qualcosa da Elena Gianini Belotti e dal suo *Dalla parte delle bambine*. Vedi QUOTE. Vedi TRADIZIONI.

IDENTITARIA Associare sempre l'aggettivo al sostantivo "destra", quindi stigmatizzare duramente: si tratta di fascisti.

INDICI DEMOGRAFICI Indicano chiaramente che i popoli di continenti come l'Africa e l'Asia fanno più figli rispetto ai popoli europei, e che in prospettiva i "bianchi" sono destinati a estinguersi. Se presidenti di una squadra di calcio tedesca, nella fattispecie lo Shalke 04, evitare di affermare in pubblico, parlando di mutamenti climatici, che in Africa andrebbero costruite centrali energetiche, "Così gli africani la smetterebbero di abbattere alberi e di produrre figli quando fa buio", in modo da non dare adito a polemiche.

INSTAGRAM Il social preferito dagli under 30. Vi si postano soprattutto viaggi e tramonti: se chi posta è donna, il tramonto è in secondo piano rispetto al culo e spesso si intuisce che la protagonista dello scatto, ancorché immortalata di schiena, è in topless. Stigmatizzare comunque duramente la condizione femminile nel contesto dell'antropocene fallocentrico.

IUS SOLI Chiunque abbia dubbi o perplessità in materia, e proponga anche solo un esame di lingua e di cultura generale come in altri Paesi europei – per tacere di chiunque esprima il suo dissenso –, è automaticamente un razzista sovranista leghista, dunque un fascista.

LOBBY Definire così qualsivoglia banda o cricca o anche cosca. Darsi alacremente da fare per esservi ammessi. Dire sempre: "Occorre fare lavoro di lobby". Non sta bene sostenere l'esistenza di una lobby gay, e tantomeno di una lobby ebraica americana. Chiunque lo faccia è automaticamente un razzista sovranista leghista, dunque un fascista.

MASCHERINE Indispensabili in società al tempo della nota pandemia. Speculare sulla paura della "gente" vendendole a prezzi esorbitanti. Lanciare subito sul mercato la propria linea fashion. Farsi cucire dalla mamma quella con i colori della propria squadra del cuore. In veste di politici, affermare: "Non servono a evitare il contagio". Poi ripensarci e dichiarare: "Servono a evitare il contagio". Poi ripensarci e specificare: "Servono a evitare il contagio ma solo nei luoghi chiusi". Poi ripensarci e tornare sull'argomento: "Servono a evitare il contagio anche nei luoghi aperti". Poi ripensarci e sentenziare: "Devono portarle solo i medici e gli infermieri e i volontari della Croce Rossa". Poi ripensarci e stabilire: "Tutti devono portarle sia all'aperto sia al chiuso". Poi ripensarci e ammettere: "Purtroppo non ne abbiamo abbastanza". Poi ripensarci e spiegare: "Servire servono, ma non granché se sono chirurgiche". Poi ripensarci e rispiegare: "Servono ma nessuno deve specularci, per cui fisseremo un prezzo calmierato... per quelle chirurgiche". Poi ripensarci e stringersi nelle spalle: "Mah. Chissà. Speriamo".

MASCHILISMO Stigmatizzare duramente: il che è giusto. Auspicare che le donne arrivino al potere: idem. Cercare però di ricordarsi non dico di Maria I d'Inghilterra detta la Sanguinaria, ma almeno di Margaret Thatcher e Condoleeza Rice, e augurarsi che quando altre donne arriveranno al potere si comportino un po' diversamente.

MATRIA Come detto, secondo Michela Murgia e nel contesto dell'antropocene fallocentrico, dovrebbe sostituire il termine "Patria". E pazienza per la Madrepatria. Vedi PATRIA.

MELTING POT Tesserne le lodi e proclamarne l'inevitabilità, felici di affermare che il destino dell'Umanità è il meticciato, ma evitare con cura di frequentare, specie in ore serali, determinati quartieri cittadini. Evitare anche di fare una gita a Parigi nelle celebri banlieue, non solo quando sono in fiamme, ma limitarsi piuttosto a Saint-Germain-des-Près, al Marais e al Sedicesimo Arrondissement. Se rapinati a Milano dai membri di una padilla latinoamericana armati di machete, tenere presente che è meglio non reagire. A Londra non farsi vedere con la macchina fotografica al collo nelle periferie per ora scampate alla gentrification. Se si ricopre il ruolo di capotreno, contare fino a cento prima di usare il termine "rompicoglioni" nei confronti dei borseggiatori e dei postulanti che ogni singolo giorno dell'anno passano di carrozza in carrozza importunando i passeggeri: certe cose si possono forse pensare, dire mai.

MENDICANTI Molti di loro sono ex mariti ridottisi a vivere per strada in seguito a una separazione o a un divorzio. In veste di ex mogli, affermare: "Le azioni hanno delle conseguenze". Quando li si incrocia, tirare dritto. Prima della nota pandemia c'era chi si tappava il naso, ora che va di moda l'uso della mascherina non ce n'è più bisogno. Dire sempre: "Non so come facciano a vivere così". Riflettere per un attimo sulla possibilità che oggi come oggi possa capitare a chiunque. Scacciare immediatamente il pensiero facendo un po' di sano shopping online.

MERCE Chiunque osi equiparare a una merce il corpo della donna pagata e usata per la procreazione per mezzo di utero in affitto è un fascista.

#METOO (2) Ricordarsi anche dopo dieci anni di quella volta che. Sostenere che le foto in cui si sorrideva in abito da sera accanto a lui sul red carpet erano immagini che ovviamente non potevano dare idea della violenza appena subita dal lui in questione. Eliminare dopo vent'anni dall'uscita del film *Toy Story 2* una scena in cui il cowboy giocattolo Stinky Pete dice a due Barbie: "Quindi voi siete assolutamente identiche? Sono sicuro di potervi far dare una parte in *Toy Story 3*". Come se non bastasse, il cowboy accarezzava la mano di una delle due Barbie. Del resto il regista dei primi due *Toy Story*, John Lasseter, è stato denunciato per "comportamenti inappropriati". Comunicare di essersi pentiti di aver girato uno o più film con Woody Allen e di non voler mai più girare un film con Woody Allen. Rifiutarsi di distribuire il nuovo film di Woody Allen. Chiedersi se sia il caso di buttare tutti i dvd dei film di Woody Allen, compreso quello di *Io e Annie*. Rifiutarsi di pubblicare l'autobiografia di Woody Allen. Vedi ASIA ARGENTO.

MULTIETNICI Le/gli intellettuali di sinistra adorano i quartieri così, specie se da parte loro dimorano ai Parioli o a Prati anziché a Tor Bella Monaca. Dire sempre, col sorriso sulle labbra: "In futuro le nostre città saranno sempre più multietniche". Regolarsi di conseguenza e comprare per tempo un bel casale in Toscana o in Umbria, a meno che non se ne possegga già uno.

MUTUI Evitare di paragonare le banche agli strozzini: lo fanno storicamente i fascisti, da Ezra Pound agli occupanti di Casa Pound. Dopo la crisi americana dei cosiddetti *subprime* e il fantasma del 1929 che a distanza di ottant'anni è tornato ad aggirarsi anche in Europa, seguire con una certa ansia in internet le notizie provenienti dalla Borsa, specie all'indomani della nuova crisi del coronavirus cinese. Scuotere la testa: "Prima o poi faremo la fine dell'Argentina".

NOZZE Chi in veste di sindaco/a si rifiuta di celebrare o registrare quelle gay è un/una fascista.

NOZZE GAY Citare quelle di Elton John e David Furnish. Evitare di dichiarare pubblicamente, come per esempio in passato il papa di turno o l'ex calciatore e allenatore del Milan e del Napoli Gattuso, di essere contrari alle nozze gay. Dire sempre: "E perché mai scusa non potrebbero adottare un bambino?". Dopo aver fatto parte di una coppia etero ed essere passati per un divorzio con relativa guerra condotta sulla pelle dei figli, chiedersi perché mai i gay desiderino tanto complicarsi la vita quando basterebbe una legge che regoli l'assistenza in caso di malattia e le questioni di soldi.

NUDI Se si ha in animo di organizzare una mostra sul tema, seguire l'esempio della Royal Academy of Arts: dovendo allestire una retrospettiva sul nudo nella pittura tra Quattro e Cinquecento, ha optato dopo il #metoo per una scelta dei dipinti rigidamente suddivisa, con nudi per metà maschili e per metà femminili.

OMOFOBIA (2) Anche il calciatore brasiliano Neymar ne è stato accusato in passato per via di uno spot in cui pubblicizzava una linea di intimo maschile: dopo essersi esibito di fronte ad alcune donne, fuggiva alla comparsa di un uomo. La ditta in questione ha di conseguenza dovuto chiedere scusa alla comunità gay. Le cronache riportano periodicamente notizie di attacchi ai gay. Evitare ogni tipo di battuta sui gay, perfino se gay. Ricordarsi che dire "ho anche amici gay" equivale a essere tacciati di omofobia e accusati di essere fascisti. Invocare una legge apposita. Se donne etero anche femministe, lamentarsi: "Madonna mia, ormai sono tutti fro... cioè, gay".

PAESI IN VIA DI SVILUPPO Sono sempre ancora tali, anche perché la stragrande maggioranza degli aiuti occidentali finisce nelle tasche delle oligarchie locali, quando non è costituita da medicinali e cibi scaduti. Se un papa afferma che ciò che sta accadendo in Africa è una nuova Shoah, rimanere interdetti: gran parte dell'Africa è a tutti gli effetti una sorta di enorme campo di concentramento e/o di sterminio per fame, ma la Shoah è un evento unico e imparagonabile, e chiunque pretenda di accostarla a qualsiasi altra cosa corre il rischio di passare per riduzionista e dunque per antisemita e perciò per fascista se non direttamente per nazista. Anzi di sicuro lo è. Corrugare le sopracciglia, meditando brevemente sul fatto che il papa che ha fatto tale affermazione da giovane ha portato ancorché obbligato l'uniforme della Hitlerjugend, proprio come il protagonista di *Jojo Rabbit*. Per una volta, benché a malincuore, non rilasciare alcun commento e/o dichiarazione. Prendere le difese della Francia qualora un esponente leghista del governo provvisoriamente in carica la accusi di neocolonialismo, anche se in gioventù si era molto apprezzato il film di Gillo Pontecorvo *La battaglia di Algeri*. In visita di piacere a Parigi o a Londra, visitare il Louvre o il British e aggirarsi per Montparnasse o per Belgravia senza pensare al fatto che cotanto lusso e cotanta ricchezza sono in definitiva frutto di rapina. Quando si parla di Storia, associare la parola "rapina" solo alla nota passione per l'arte dei nazisti, e non dar peso ai dieci milioni di morti fatti dai belgi a caccia di avorio in Congo sotto Leopoldo II.

PARITÀ La rivendicano giustamente le donne. In quanto tali, ricordarsene anche quando si spara la cifra per ottenere dall'ex coniuge l'assegno di mantenimento.

PATRIA Sostantivo maschilista sessista razzista sovranista leghista, dunque in definitiva fascista. Vedi MATRIA.

PATRIARCATO L'origine di tutti i mali. Evitare poi però di piangere ai funerali del proprio Genitore 1.

PIAZZA VITTORIO Da nuovi residenti di sinistra felici di avere comprato o affittato a prezzi convenienti, celebrarne a cena con gli amici ma anche sui giornali il multiculturalismo. Qualche anno dopo, dopo aver assistito a docce presso il nasone della piazza e liti con accoltellamenti, per tacere dello spaccio e dello stupro di una clochard tedesca settantacinquenne, formare un comitato e denunciare: "Qui il degrado è senza fine".

PORNHUB Dire sempre: "Chi? Io? Mai".

POVERI Trattasi di termine obsoleto e discriminante. Parlare piuttosto di "persone con vantaggi diversi dalla norma". Chiunque esorti la politica a occuparsi delle persone con vantaggi diversi dalla norma di nazionalità italiana è va da sé razzista sovranista leghista, dunque fascista. Se esponenti di una certa corrente del Pd, riflettere: "Abbiamo sbagliato a trascurare i poveri". Se esponenti di un'altra corrente del Pd, ribattere: "Noi stiamo con Macron". Chiedersi se continuare a stare con Macron dopo che Macron, viste le proteste dei Gilet Gialli, ha deciso di aumentare i salari minimi. Ribadire che i Gilet Gialli sono comunque fascisti. Chiedersi di nuovo se stare con Macron dopo che Macron ha dichiarato: "Via dalla Francia i migranti economici".

QUARANTENA La si deve osservare in seguito al diffondersi della nota pandemia. Mentre la si osserva, lamentarsi del fatto che si è costretti a osservarla. Fare di tutto per non osservarla fino in fondo, per esempio andando più volte nel corso della giornata a fare la spesa. Poi però inveire contro chi non la osserva. Dalle finestre di casa urlare insulti e minacce a chiunque transiti sotto le medesime, soprattutto se corre, anche se solo e provvisto di apposita mascherina. Fare lo stesso nel caso si avvisti un Genitore 1 o un Genitore 2 con tanto di bambin*. Se appartenenti alle forze dell'ordine, stanare con tanto di droni ed eventualmente elicotteri e motovedette e quad il tizio che ha deciso di farsi due passi sulla battigia e denunciarlo appioppandogli una multa dai quattrocento ai quattromila euro, perché nonostante sia l'unico essere umano in un raggio di cento chilometri mette a rischio la salute pubblica. Spiegargli: "Eh, ho capito che lei è solo, ma se tutti facessero così?". Da italiani, stupirsi per la disciplina con cui l'hanno osservata gli italiani.

QUESTUANTI Si dividono in tre macrocategorie: italiani che hanno perso il lavoro o sono finiti sulla strada in seguito a un divorzio o a una separazione o perché affetti da disturbi psichici; itineranti ovvero mogli e figli costretti dai mariti e padri a questuare; migranti di origini africane. Questi ultimi pare siano gestiti da un racket che li fa posizionare fuori dai supermercati con in mano un cappellino da baseball. Costituiscono un problema, perché se per un verso è cosa buona e giusta tollerarli e aiutarli, per l'altro non è cosa buona e giusta pensare di risolvere certi problemi sociali "lavandosi la coscienza con qualche spicciolo". Per risolvere il dilemma, citare il caso di quello che da sempre si vedeva all'angolo di una certa via, che poi è morto ed è venuto fuori che era addirittura milionario. Quindi tirare dritto senza dargli nemmeno un centesimo.

QUOTE Se non sono del latte sono rosa. Secondo alcuni, "un male necessario" e transitorio per arrivare al giorno in cui le donne non avranno almeno in parte colmato lo svantaggio dovuto alle discriminazioni subite finora. Quando si tratta di scegliere un'icona in occasione di manifestazioni e/o rivendicazioni, evitare naturalmente Leni Riefenstahl ma anche Hanna Reitsch, capitano e collaudatrice della Luftwaffe, fedelissima a Hitler e tra gli ultimi a lasciare il bunker di Berlino, anche se dopo la guerra, stabiliti altri record aviatori mondiali, fondò una scuola di volo a vela in Ghana e venne invitata a visitare i rispettivi Paesi da Indira Gandhi e John Fitzgerald Kennedy.

RACCATTAPALLE Renzo Rosso, proprietario di un club di calcio, ha schierato in questa veste atlete sedicenni in maglietta e pantaloncini, rimediando immediatamente un'accusa di sessismo. Esclamare: "Che roba! Solo in Italia!", dimenticando i Paesi dove le donne non possono assistere alle partite di calcio maschili e dove le nuotatrici devono presentarsi in piscina vestite dalla testa ai piedi.

RONDE Se si ha in animo di fondare un'organizzazione destinata a far parte delle cosiddette ronde autorizzate dal ministero dell'Interno per controllare il territorio in collaborazione con le forze dell'ordine e tranquillizzare i cittadini eventualmente ossessionati dalla questione sicurezza – o che magari, pur avendo la fortuna di abitare in un quartiere multietnico e multiculturale, non hanno ancora saputo apprezzarne appieno i vantaggi, tra cui la simpatica presenza agli angoli delle strade di un gran numero di spacciatori –, evitare per quanto possibile di adottare un'uniforme che per taglio, colore, foggia dei distintivi e rimandi iconografici dei medesimi ricordi in maniera piuttosto impressionante quella delle SA. In ogni caso, le ronde formate da cittadini italiani sono sempre razziste e dunque fasciste. Sono lecite invece quelle già citate dei cittadini pakistani che a Torino si sono stufati di avere a che fare con i pusher nigeriani. Dire sempre: "La democrazia è a rischio".

SANITÀ Per anni, se non per decenni, in veste di governanti di destra o di sinistra, operare tagli anche draconiani su quella pubblica, trasformando i vecchi ospedali in aziende ospedaliere, e incentivare il ricorso a quella privata. Poi, alla luce dell'emergenza costituita dalla nota pandemia e delle cifre dei morti, tra cui i numerosissimi operatori del sistema ospedaliero definiti "i nostri eroi in prima linea", presentarsi in tivù e stigmatizzare i tagli operati.

SESSISMO Il suo principale rappresentante è Harvey Weinstein. In Italia conta innumerevoli seguaci anche al di fuori degli ambienti cinematografici. Titolo di "Libero" a proposito di una sentenza: *La Madonna si può bestemmiare, Dio no*. Occhiello: "Ma non sarà sessismo religioso?". Stimare Vittorio Feltri anche per questo, ma evitare di dirlo in pubblico.

SNAPCHAT Social usato soprattutto dai giovani soprattutto per inviarsi selfie porno. Dire sempre: "Chi? Io? Mai".

SOCIAL L'arena dove quotidianamente ci si può scontrare con commenti antisocial. In Italia pare che con Chiara Ferragni il miglior utilizzatore sia o sia stato Salvini o chi per lui gestisce i suoi account Twitter e Facebook. In veste di politici, farne comunque largo uso anche per commentare questioni istituzionali di cui in teoria bisognerebbe discutere in parlamento, non fosse che il parlamento è aperto solo dal martedì al giovedì mentre i social sono aperti sette giorni su sette "accaventiquattro". Li si usa soprattutto per cercare di rimorchiare, ma ammetterlo non è elegante. Piuttosto, affermare: "I social? Li uso solo per lavoro".

STERILITÀ Affermare: "Se è rimasta incinta Nicole Kidman, ce la possono fare tutte". Se fallisce anche l'inseminazione artificiale, interrogarsi a lungo se sia meglio l'adozione vera e propria o quella a distanza, che in effetti è un po' più comoda anche se non è bello dirlo. Fare un corso propedeutico all'adozione. Tornare a casa in linea di massima terrorizzati, ma non ammetterlo neppure a se stessi perché sarebbe sconveniente. Se possibile, ricorrere all'utero in affitto così da soddisfare il proprio legittimo desiderio di maternità/paternità o comunque genitorialità, e pazienza per l'infante strappato a colei che l'ha tenuto in grembo per i primi nove mesi della sua esistenza, destinato a non conoscerla mai.

STUPRO Un bel giorno finalmente l'Onu ha dichiarato che se compiuto in zona di guerra lo stupro è da considerarsi "crimine di guerra contro l'Umanità". Fanno eccezione i due milioni di stupri commessi dai soldati dell'Armata Rossa su donne tedesche, visto che in quanto donne tedesche erano naziste o comunque madri, mogli, sorelle e figlie di nazisti, e naturalmente gli stupri commessi oggi in Iraq o in Afghanistan dai soldati delle forze armate degli Stati Uniti, i quali non sono processabili da alcun tribunale internazionale. Al massimo, uno stupro commesso da uno o più marine, magari con annesso massacro della famiglia della donna o della ragazza o della bambina stuprata, può diventare il soggetto di un film hollywoodiano poi candidato all'Oscar. Se uno stupratore seriale viene individuato e arrestato a Roma, ed era militante del Pd, cosa in effetti accaduta in un recente passato, insorgere se qualcuno accusa il partito medesimo di negligenza e respingere con sdegno ogni strumentalizzazione. Se invece gli stupratori militano in Casa Pound, accusare senza se e senza ma la suddetta formazione, magari scomodando per l'ennesima volta Pasolini e il suo *Salò*. Indignarsi se qualcuno si dice a favore della castrazione chimica, una roba da fascisti. Rivalutare l'opzione nel caso in cui malauguratamente si subisca uno stupro.

TINDER Social in voga tra adulti consenzienti per combinare incontri tendenzialmente occasionali in cui lo scopo di entrambi è scopare. Se donne, tuttavia, affermare con grande aplomb e pari sprezzo del ridicolo: "Ma io mica mi sono iscritta per scopare. Sono loro che hanno in testa solo quello".

TRADIZIONI Vedi IDENTITÀ.

TWITTER Il più antisocial dei social. Antitesi della complessità. Lo si usa tra egomaniaci per mostrare ad altri egomaniaci quanto si è intelligenti e corrosivi e spiritosi e per rovesciare insulti su chi la pensa diversamente, nonché per giudicare il resto del mondo in 280 caratteri. Tra i casi più recenti, l'ondata di tweet denigratori rivolta al Salone del Libro di Torino accusato di connivenza coi fascisti per il fatto di ospitare lo stand di una casa editrice legata a Casa Pound rea di avere pubblicato un libro intervista su Salvini, quando in passato nessuno aveva alzato un sopracciglio per il fatto che nei padiglioni del Lingotto avessero regolarmente affittato uno spazio espositivo le Edizioni di AR di Franco Freda e la casa editrice Sensibili alle Foglie di Renato Curcio, che in una passata edizione si trovarono per puro caso a pochi metri l'una dall'altra. Il che, volendo, era la plastica dimostrazione di come il Salone sia per sua natura un luogo aperto al dialogo e alle differenze, in cui il pubblico ha la possibilità di scegliere liberamente che cosa leggere o non leggere: per tacere del fatto che il Salone da sempre accoglie editori come Adelphi o Guanda o Iperborea o Corbaccio o Einaudi che pubblicano tra gli altri Carl Schmitt o Friedrich Nietzsche o Ernst Junger o Knut Hamsun o Louis-Ferdinand Céline o Diego Fusaro, e che dunque in base allo stesso metro di giudizio sarebbero a loro volta conniventi coi fascisti. Ma qui andiamo già sulla complessità: e quelli non ce la fanno.

VACANZE Per un certo periodo, dovevano essere per forza di cose intelligenti e dunque svolgersi in città d'arte o in luoghi carichi di Storia. Poi è sembrato più carino farle in agriturismo, a contatto con la natura e cibandosi di alimenti biologici e a chilometro zero. Quindi, dopo Greta, è diventato più giusto farle in qualsiasi posto purché non si prenda l'aereo. A fasi alterne, è parso più corretto andare in vacanza in luoghi devastati dalla fame o dalla guerra "per rendersi conto da vicino come vivono i dannati della Terra e per aiutare l'economia locale", oppure non andarci affatto, "per non fare il turista fra i dannati della Terra". Evitare in ogni caso di dire in pubblico che le si è fatte in Paesi dove notoriamente si va per praticare il turismo sessuale. Alla luce della nota pandemia, proporre la realizzazione di simpatici igloo in plexiglas da posizionarsi sulle spiagge a beneficio dei bagnanti, provvisti naturalmente di mascherina. Meglio se lavabile.

VIROLOGI All'epoca della nota pandemia, i nuovi sciamani. In veste di politici, pendere dalle loro labbra e ascoltare con attenzione i loro suggerimenti, spiegando alla popolazione che lo si fa per il bene del Paese. Poi, sempre per il bene del Paese, ignorarli.

YOUTUBE Gli adolescenti affetti da disagio adolescenziale lo usano per diffondere i filmati che testimoniano i loro atti di bullismo, così che poi le forze dell'ordine li possano identificare facilmente. Dire sempre: "E poi l'hanno messo su YouTube. Ma si può? Che deficienti".

La politica

Oggi non usa più dire come si diceva un tempo che anche il privato è politico, a meno che il politico in questione non sia un avversario. Per decenni però, quando si sentiva dire che questo o quel politico era un ladro, pardon, aveva ricevuto un avviso di garanzia per presunte tangenti, scattava come un unico cane di Pavlov l'accusa di qualunquismo, così da tutelare i membri più o meno onorevoli di entrambi gli schieramenti. Poi, per un breve periodo, complice Tangentopoli e subentrato il concetto di "casta", è nato un movimento che si è proposto di "aprire il parlamento come una scatoletta di tonno", rifuggendo dalle abitudini della politica tradizionale a cominciare dalla tendenza al compromesso, o se preferite al trasformismo, o se volete all'inciucio. Per gli iscritti a tale movimento i politici erano ladri per definizione. Ma poi, si sa, le cose cambiano: come insegna Tomasi di Lampedusa, per restare sempre uguali. Ciò detto, in base a dati incontrovertibili i parlamentari italiani sono i più remunerati d'Europa, e non a caso c'è chi aspira a un seggio in parlamento perché sa che così sistemerà se stesso, la propria famiglia e i discendenti per almeno un paio di generazioni. Ma non facciamo del qualunquismo, suvvia. Carl von Clausewitz – lo sanno perfino i top manager di Stato nominati dalla politica che prima fanno fallire le aziende e poi se ne vanno intascando liquidazioni milionarie e benefit – sosteneva com'è noto che la guerra non è altro che la continuazione della politica. Junker prussiano, militare di carriera nell'esercito del suo Paese, doveva essere persona poco incline a lasciarsi anda-

re: ma chissà che risate, avesse sentito parlare i politici di questo nostro tempo di "missioni di pace" e di "bombardamenti umanitari", per tacere dei famosi "attacchi preventivi". Tutti atti politici prima ancora che atti di guerra, o se volete entrambe le cose.

Sia come sia, la guerra resta un grandissimo affare, anzi è con il traffico di cocaina l'affare più colossale, l'affare che in tanti sognano di avere tra le mani un giorno, perché grazie alla guerra si può distruggere un Paese svuotando stock di armi e bombe che così si potranno immediatamente ricostituire, dopodiché si può procedere alla ricostruzione del Paese appena distrutto investendovi ingenti somme di denaro che verranno restituite con gli interessi, oppure ottenendo commesse per le proprie aziende: in questo senso, l'intervento americano in Iraq "per esportare la democrazia" resterà nella Storia come un fulgido esempio. Prima vi distruggiamo, poi ricostruiamo, e ci guadagniamo in entrambi i casi. Ma se tale intervento ha avuto luogo, con gli esiti che sappiamo, è naturalmente grazie alla politica. Fu il presidente degli Stati Uniti d'America Dwight D. Eisenhower a parlare per primo del cosiddetto complesso militare-industriale. E da ex generale, era uno che se ne intendeva. Interessante a questo proposito il documentario Why We Fight, *che riprende il titolo dei filmati propagandistici girati negli anni Quaranta da Frank Capra ma mette in risalto come gli Usa non abbiano fatto altro nella loro storia che condurre guerre di aggressione: del resto è una constatazione elementare, visto che non sono mai stati invasi, e che hanno provocato i tedeschi allo scopo di entrare nella Prima guerra mondiale e i giapponesi per fare lo stesso con la Seconda, per tacere del modo in cui hanno giustificato l'intervento in Vietnam e quelli in Iraq e Afghanistan eccetera (l'elenco è lungo). Ma naturalmente il peggio del peggio sono loro: i sovranisti/populisti. Anche se, per il momento, di guerre non ne hanno ancora scatenate. E come la mettiamo con Trump, che al contrario del Nobel per la Pace Obama ha deciso di cominciare a ritirare le truppe e non vuole più che gli Usa siano i "gendarmi del Pianeta"?*

ABBRONZATO Riferirsi così al primo presidente degli Stati Uniti di origini africane della Storia e premio Nobel per la Pace non è carino, specie se si ricopre la carica di presidente del Consiglio di un Paese alleato. Se però da altra fazione politica si ironizza sull'altezza e sulla capigliatura del suddetto presidente del Consiglio, non c'è problema.

ABU GRAHIB Se dopo alcuni tentennamenti, in veste di nuovo presidente degli Stati Uniti non solo democratico ma per la prima volta nella storia addirittura con antenati africani, si decide infine che forse i ragazzi della Cia hanno un filo esagerato – per esempio con il prigioniero infilato in un sacco di plastica e picchiato a morte nel 2003 o con le false esecuzioni proibite dai codici militari – e si autorizza una commissione d'inchiesta sugli interrogatori condotti dagli "esperti" di Langley sui sospettati di terrorismo, prepararsi a venire attaccati perché così facendo si metterebbe in pericolo la sicurezza degli Stati Uniti medesimi. In qualità di presidente degli Stati Uniti e premio Nobel per la Pace, continuare la guerra.

ACCOGLIENZA Chiedersi seriamente se l'Italia può accogliere in maniera indiscriminata tutta l'Africa.

AFFOGAMENTO SIMULATO Se praticato dai ragazzi di Langley non è mai una tortura ma fa soltanto parte delle cosiddette "tecniche avanzate di interrogatorio", approvate dal governo guidato dalla triade Bush-Cheney-Rumsfeld e consentite dai regolamenti all'indomani dell'11 Settembre. Certi prigionieri l'hanno sperimentato anche sessantatré volte nell'arco di ventiquattr'ore, ma che cosa non si farebbe per tutelare la democrazia? Dire sempre: "Vorrei ricordare ai presenti che gli Stati Uniti ci hanno liberati dai nazisti, e che sono la più grande democrazia del mondo".

AHMADINEJAD Fino a che è rimasto in carica, è stato "il nuovo Hitler", come già prima di lui Saddam Hussein e Kim Jong-un, almeno prima che questi addivenisse a un accordo con gli Usa. In effetti, pur non avendo attaccato la Polonia, aveva negato a più riprese la Shoah, minacciato attacchi massicci contro lo Stato ebraico e auspicato che in futuro Israele non comparisse più sulle carte geografiche del Medio Oriente. Ciò nonostante, ci fu chi in Israele auspicava una sua riconferma. Secondo il quotidiano di Tel Aviv "Maariv", la vittoria di Ahmadinejad era auspicabile perché così Israele avrebbe potuto convincere più facilmente il mondo della serietà della minaccia iraniana e attaccare preventivamente Teheran. Ci si sta comunque lavorando.

AL QAEDA All'epoca dell'11 Settembre, l'equivalente della Spectre. Liquidare come complottista paranoico chiunque azzardi un commento sui legami economici tra la famiglia Bush e Bin Laden. Poi anche nelle banlieue è diventata più di moda l'Isis.

AMICI "Ne ho tanti di sinistra che hanno votato per i 5Stelle. Mi rivolgo a loro: abbiate il coraggio di dire che avevate voglia di fascismo." Così Paolo Virzì in un'intervista, prima che i 5Stelle andassero al governo con il Pd.

ANTIAMERICANI Lo sono non di rado molti arabi. Per venire catalogati come tali in ogni caso non occorre arruolarsi nelle fila della Jihad. Basta per esempio criticare gli effetti della globalizzazione alla luce delle note diseguaglianze a livello planetario, oppure esprimere qualche dubbio sui cibi transgenici visto il perdurare degli interrogativi sulle conseguenze nel lungo periodo della loro assunzione, o avere anche solo da ridire sul proliferare dei famosi ristoranti McDonald's nelle nostre città, o ancora manifestare pubblicamente un qualche dubbio sulla liceità dei modi in cui dalla Seconda guerra mondiale in poi il governo degli Stati Uniti si sforza di esportare la democrazia nel mondo. I cosiddetti bombardamenti umanitari nell'ex Jugoslavia, seguiti a distanza di pochi anni dal cosiddetto attacco preventivo all'Iraq, hanno infatti una discreta serie di precedenti: per andare da Amburgo a Baghdad si passa per Dresda, Hiroshima, Nagasaki e Hanoi, tappe di un percorso articolato grazie al quale innumerevoli civili hanno avuto la fortuna di conoscere la democrazia attraverso bombe al fosforo, atomiche o al napalm. Nel caso dell'Iraq, il fatto che la maggioranza degli americani sia stata per lungo tempo notoriamente contraria al perdurare di quella guerra comporta che la popolazione americana sia in larga parte antiamericana, ma si tratta di un dettaglio. Da parte mia sono cresciuto leggendo scrittori americani come Mark Twain, Ernest Hemingway, Francis Scott Fitzgerald e Allen Ginsberg, per poi arrivare a Raymond Carver, Charles Bukowski, Cormac McCarthy e Bret Easton Ellis. Amo alla follia Billie Holiday, Chet Baker, Johnny Cash e i Ramones. Adoro Woody Allen, Martin Scorsese, Francis Ford Coppola e Wes Anderson. Ho perso il conto dei jeans Levi's che ho usato nel corso della mia vita e che continuo a usare. E quando devo digerire dopo un sano pasto alla piemontese a base di carne cruda, vitello tonnato, insalata russa, agnolotti al sugo d'arrosto, tajarin al ragù, coniglio al civet con patate, brasato al Barbera e polenta, panna cotta, bunet e meringata, bevo solo Coca-Cola: ragion per cui, sono contrario al suo boicottaggio. Una volta, anni fa, andai a intervistare per "La Stampa" un imam che aveva aperto a Porta Palazzo la prima macelleria islamica. Senza pensarci, mi presentai indossando una camicia militare americana comprata al Balôn, il mercato delle pulci torinese, con tanto di toppe della US AIR FORCE. Ricordo che quando entrai nella macelleria l'imam strabuzzò gli occhi. Anni dopo, venne espulso perché nelle sue prediche faceva propaganda a favore della Jihad.

ANTICAPITALISTI Scrivono su "Jacobin" e si leggono dopo essersi pubblicati. Costituiscono un problema: c'è infatti chi ritiene sia ormai abbastanza lecito essere anticapitalisti – visti i danni prodotti dal capitalismo non solo ai cosiddetti dannati della Terra ma anche alla Terra medesima e per essere più precisi alla biosfera, di fatto pregiudicando la sopravvivenza stessa della specie umana sul Pianeta – e chi pensa che essere anticapitalisti significhi per forza di cose essere anche antiamericani o peggio simpatizzanti se non fiancheggiatori delle vecchie o nuove Br, se non ancora fascisti. Dire sempre: "E i gulag in Siberia?".

ANTIFASCISTI Detti anche "antifa". A tre quarti di secolo dall'uccisione di Mussolini e dalla fine della guerra, Casa Pound e Forza Nuova si adoperano quotidianamente per dare un senso alla loro esistenza. Vedono fascisti dappertutto: secondo loro sono o sono stati fascisti non solo i cosiddetti postfascisti ex Msi ed ex An oggi FdI, ma anche Trump e Putin, per tacere va da sé di Salvini e Berlusconi. Sono inoltre intimamente fascisti tutti coloro che hanno qualcosa da obiettare in merito ai matrimoni gay e allo *ius soli*, all'utero in affitto e all'accoglienza indiscriminata dei migranti, nonché chiunque non si dichiari favorevole alla liberalizzazione totale delle "sostanze" e alla chiusura immediata delle carceri. Un infallibile rilevatore di fascisti è poi il Gay Pride: basta non parteciparvi per essere sospetti di pulsioni nostalgiche per il regime. Evitare di ricordare che la stragrande maggioranza degli intellettuali di sinistra di una certa età è stata, in gioventù, fascista, e con loro la stragrande maggioranza degli intellettuali di sinistra ormai defunti, talvolta con adesione perfino entusiasta alla Rsi anche da parte di attori, musicisti, artisti ed editori. Poi, sia chiaro, non si è saliti sul carro del vincitore, ma ci si è resi conto del tragico errore dovuto solo alla giovane età, e si è diventati dapprima convinti comunisti e in seguito sinceri democratici, così da convertirsi al cattolicesimo in prossimità del letto di morte. Attaccare Pansa pure da defunto per i suoi libri revisionisti anche se non li si è letti e dopo avergli impedito va da sé democraticamente di presentarli in pubblico accusandolo di essere un fascista nonostante avesse fatto il partigiano sul serio, al contrario di chi oggi s'iscrive all'Anpi senza aver mai imbracciato uno Sten e fondamentalmente in odio a Salvini (una volta, in occasione di un dibattito radiofonico, Pansa mi rimbrottò aspramente perché avevo osato affermare che durante gli anni di piombo non c'era stato solo il piombo, ma anche una certa creatività, vedi "Il Male", le radio libere, Nanni Moretti, Andrea Pazienza). Comunque: cantare *Bella ciao*. Ribadire da settantacinque anni l'imminenza del ritorno del fascismo, sempre dietro l'angolo. Scandire per decenni: "Compagni! Siamo qui per rispondere con determinazione a questa ennesima provocazione fascista!". Chiarire: "Io con i fascisti non parlo". Ribadire a scanso di equivoci: "Fuori i fascisti dall'università", senza forse rendersi conto di rifarsi così ai provvedimenti adottati in seguito alla promulgazione nel 1938 delle leggi razziali. Sui social e sui muri, scrivere *Appesi* accanto ai nomi dei fascisti di turno, evocando ora e sempre piazzale Loreto. Specificare: "Quelle merde fascistelle". Dopodiché, indignarsi perché ai fascisti parte l'embolo. Non rendersi conto che ci sarebbero alcune altre urgenze: nel frattempo infatti il capitalismo liberista ha distrutto lo stato sociale, privando la sanità pubblica delle risorse necessarie a favore delle cliniche private, riducendo drasticamente i diritti dei lavoratori e azzerando quelli dei precari, creando masse di individui consumisti indebitati per mezzo di mutui e carte di credito e perciò ricattabili, privi di qualsivoglia possibilità di riscatto. Ogni 25 Aprile, però, postare su Facebook e/o Instagram un selfie in cui si indossa una maglietta che inneggia ai partigiani e cantare *Bella ciao*.

APPESI A testa in giù: secondo i sinceri democratici, la fine che dovrebbe fare Salvini e con lui tutti i fascisti. E dire che lo stesso Sandro Pertini ebbe a dichiarare: "Quando mi dissero che il cadavere di Mussolini era stato portato a piazzale Loreto, corsi con mia moglie e Filippo Carpi. I corpi non erano appesi. Stavano per terra e la folla ci sputava sopra, urlando. Mi feci riconoscere e mi arrabbiai: 'Tenete indietro la folla!'. Poi andai al Cln e dissi che era una cosa indegna: giustizia era stata fatta, dunque non si doveva fare scempio dei cadaveri. Mi dettero tutti ragione: Salvadori, Marazza, Arpesani, Sereni, Longo, Valiani, tutti. E si precipitarono a piazzale Loreto, con me, per porre fine allo scempio. Ma i corpi, nel frattempo, erano già stati appesi al distributore della benzina. Così ordinai che fossero rimossi e portati alla morgue. Io, il nemico, lo combatto quando è vivo e non quando è morto. Lo combatto quando è in piedi e non quando giace per terra". Poi si sa, c'è chi ha fatto il partigiano sul serio e chi lo fa a parole, su Twitter o sui muri.

ARMI Chi in veste di genitore desidera evitare che ai giardini altri genitori lo guardino con supremo disprezzo tenga a mente che non si regalano quelle giocattolo ai figli, alla pari dei soldatini: a meno che questi altri genitori ovviamente non votino Lega o Casa Pound. Sulla scena internazionale, che da sempre vede un enorme traffico di armi dai Paesi occidentali e democratici specie verso quelli africani, dove vengono utilizzate per condurre innumerevoli guerre e mettere in atto svariati genocidi, le sole di cui comunemente si sente parlare sono quelle cosiddette "di distruzione di massa", possedute di volta in volta da regimi che per puro caso non sono annoverati tra quelli amici degli Stati Uniti. Affermare: "Siamo stati costretti a ordinare l'attacco per prevenire l'uso di armi di distruzione di massa". Se poi le armi di distruzione di massa non si trovano, pazienza.

BARACK OBAMA Grazie alle sue origini, ha potuto dire in un discorso per i cento anni della NAACP, l'associazione per i diritti civili degli afroamericani, che i ragazzi neri non devono solo aspirare a diventare rapper, ma devono anche studiare per diventare giudici. L'avesse detto un bianco, immaginare le reazioni.

BENDA Indignarsi sul web e in chat e altrove per la benda sugli occhi di un americano in manette presso una stazione dei carabinieri della Capitale, accusato di aver ucciso con una decina di coltellate un carabiniere a Roma. Evocare subito il ritorno del fascismo. Dopo aver appreso che la benda era stata messa perché l'americano dava testate a destra e a manca, non fare ulteriori commenti ma comunque stigmatizzare il fatto che uno dei militari presenti abbia fatto la foto. In America, indignarsi per la benda sugli occhi del concittadino dopo aver tollerato le immagini dei prigionieri di religione islamica detenuti a Guantanamo, non solo bendati e ammanettati ma anche costretti a stare in ginocchio dentro gabbie e con tanto di cuffie sulle orecchie così da venire storditi per mezzo di musica trasmessa ininterrottamente a tutto volume.

BERLUSCONI In fin dei conti, il presidente del Consiglio meno ipocrita nella storia della Repubblica italiana. A chi facesse notare l'ipocrisia della famosa definizione "cene eleganti", ricordare il caso Moro e il corollario di dichiarazioni inerenti il medesimo da parte della classe politica italiana dell'epoca e no. Alla notizia della morte misteriosa di una teste di un processo a suo carico, ipotizzare il coinvolgimento di servizi segreti stranieri e/o l'uso di sostanze radioattive, e tirare in ballo addirittura il delitto Matteotti. Dopo che, stando agli esami clinici, viene stabilito che la teste in questione è morta per cause naturali, far finta di nulla.

BIBBIANO Definire il Pd come "il partito di" all'indomani del noto scandalo e delle indagini della magistratura. Giurare che mai e poi mai si andrà al governo con il Pd. Dopodiché, andarci.

BIN LADEN È stato uno dei tanti nuovi Hitler. Glissare sui comprovati rapporti d'affari tra la sua famiglia e la famiglia Bush. Non dare alcun peso al fatto che in passato aveva collaborato a lungo con la Cia e rigettare a priori come folle e paranoica oltre che, va da sé, antiamericana ogni ipotesi che metta in discussione la versione ufficiale dei fatti dell'11 Settembre. Per screditarlo ulteriormente, far circolare la notizia che nel suo covo vennero ritrovati dvd porno. Come se.

BIPARTISAN Era lo spirito che durante la Prima e la Seconda Repubblica si manifestava miracolosamente in aula quando si trattava di votare il nuovo aumento di stipendio a beneficio dei parlamentari. Oggi si assiste alla sua riedizione nel momento in cui "franchi tiratori" individuati tra le fila della nuova maggioranza Pd-M5S impediscono l'autorizzazione a procedere nei confronti di onorevoli a vario titolo indagati.

BOICOTTAGGIO Lo si pratica oggi come oggi soprattutto nei confronti di Domenico Dolce e Stefano Gabbana per via delle loro ricorrenti dichiarazioni non ipocrite.

BOMBARDAMENTI In anni recenti in Europa ve ne sono stati di "umanitari", condotti anche dalla nostra aeronautica nell'ex Jugoslavia all'epoca in cui in Italia c'era un governo di centro-sinistra. Immaginarsi le reazioni se il governo fosse stato di destra.

BOMBE Giustificare quelle sganciate sui civili ovvero su donne vecchi e bambini delle città tedesche nel corso dell'ultima guerra mondiale col fatto che erano nazisti, e l'uso delle atomiche in Giappone con l'alto numero di caduti americani che avrebbero perso la vita nella conquista del medesimo. Oggi ve ne sono di intelligenti, specie se in dotazione alle forze armate americane. In quanto tali, una volta sganciate si dirigono infallibilmente verso l'obiettivo. Se mai facessero vittime civili e qualora la notizia sfuggisse alla censura, sarà sufficiente parlare di "danni collaterali". Ripetere: "Come vi è già stato comunicato, abbiamo usato bombe intelligenti e al momento non abbiamo notizia di danni collaterali".

BR Chiunque critichi da sinistra i tre principali sindacati è potenzialmente un brigatista. Lo stesso dicasi per coloro i quali non condividono alla lettera le norme sul precariato, alle quali bisogna sempre riferirsi come "Legge Biagi". Affermare: "Secondo l'ultima informativa dei servizi, c'è il concreto pericolo di un ritorno brigatista".

BUONISMO In Italia lo ha incarnato più di ogni altro Veltroni. Se di destra dire sempre: "Basta con questo buonismo". Chiedersi se chi ospita i migranti in certe strutture lucrando sulla diaria stanziata dallo Stato o li fa lavorare nei campi per una miseria agli ordini dei caporali sia effettivamente buonista. Tornando a Veltroni, stigmatizzarlo duramente pure da sinistra sui social per aver ricordato sul "Corriere della Sera" la vicenda dello studente Sergio Ramelli, iscritto al Fronte della Gioventù e morto nel 1975 a Milano dopo più di un mese e mezzo di agonia all'indomani del pestaggio con chiavi inglesi da due chili da parte di un gruppo di appartenenti ad

Avanguardia Operaia, perché colpevole di aver scritto un tema sull'omicidio a Padova da parte delle Br di due aderenti al Msi e di aver affisso manifesti del Fronte.

CANI (2) Nel settembre 2018 un cane poliziotto di Monza che si chiama X Mas è stato accusato di essere fascista. Vedi PAVLOV.

CARCERI SPECIALI Negare che in quelle italiane si sia mai praticata la tortura, prerogativa del Fascismo. Il nostro codice penale del resto fino a poco fa non la contemplava: perché il reato venisse inserito è dovuta intervenire a più riprese l'Europa, segnatamente dopo i fatti di Genova.

CASALEGGIO Chiedersi: e se fosse un alieno?

CASA POUND La si usa in campagna elettorale per mascherare l'assoluta mancanza di idee di sinistra, evocando ripetutamente in prima pagina lo spettro di un ritorno del regime fascista. Poi, dato che raggiunge appena lo 0,3 per cento, sostenere che non ci si era sbagliati perché in realtà i suoi aderenti hanno votato la Lega di Salvini. Una mattina, a Roma, lo scrittore Eraldo Affinati mi ha raccontato di quella volta che in una delle classi in cui insegna ha fatto diventare compagni di banco un ragazzo egiziano, Salah, e un ragazzo di Casa Pound. Nel giro di pochi mesi, i due sono diventati amici. "Ma la gente," ha detto Affinati, "ragiona solo per stereotipi, ormai." Accusare la Raggi di non procedere allo sgombero. Quando la Raggi procede, accusarla di farlo solo per rispetto della legalità e puramente per fini elettorali dimenticando di averla accusata qundo non procedeva allo sgombero di non rispettare la legalità e di non procedere puramente per fini elettorali.

CIA Non usa la tortura ma solo "tecniche avanzate di interrogatorio". Cadere dalle nuvole se qualcuno se ne esce con la storia delle carceri segrete e dei voli e delle navi su cui i prigionieri vengono trasferiti in luoghi dove la tortura non è illegale. Riflettere democraticamente: "Beh, certo che se con i loro metodi ci permettono di evitare altri 11 Settembre...".

CINQUE STELLE Il partito dell'antipolitica. Uno vale uno. Fare in modo che vincano le elezioni per il Comune di Roma perché non si ha idea di come governare una città come la Capitale. Definirli, da sinistra come da destra, "incapaci" e "cialtroni" e "marmaglia". Solo da sinistra, "populisti" e "fascisti". In quanto tali, definire il Pd "il partito di Bibbiano". Giurare in quanto esponenti di primo piano del Pd che non si andrà mai al governo con loro. In veste di segretari del Pd, alla domanda se si andrà al governo con loro, affermare: "Con franchezza, dico no". A poche ore di distanza, andarci. "Per il bene del Paese."

COMMISSARIO Indignarsi benché europeisti alla notizia che a Bruxelles si è deciso di nominarne uno preposto alla "protezione dello stile di vita europeo". Battersi per la protezione dello stile di vita di tutte le minoranze.

COMPAGNI Rivendicare la propria "differenza antropologica". Dare o togliere a piacimento la patente di democrazia. Chi non la ottiene è va da sé un fascista e dev'essere trattato come tale. Commentare sdegnati i respingimenti delle navi delle ong a opera del governo in cui sedeva Salvini rimarcando come nei centri di detenzione libici vengano praticati lo stupro e la tortura. Glissare sul fatto che – come si è detto e ridetto – i suddetti centri di detenzione libici sono stati creati dalle autorità libiche di concerto con il precedente governo di centro-sinistra. In un recente passato certi compagni già pacifisti a cui è andata la presidenza della Camera hanno evitato di commentare la partenza delle truppe italiane per l'Iraq ovviamente in "missione di pace", e consci del ruolo istituzionale si sono limitati ad appuntare un simbolo arcobaleno al bavero della giacca indossata sopra il maglioncino in cachemire. Dire sempre: "Compagni! Siamo qui per rispondere con determinazione a questa nuova provocazione fascista!". Stilare democraticamente una lista di proscrizione con i nomi di autori che pur pubblicando presso editori democratici e collaborando o avendo collaborato con testate antifasciste non vanno invitati a una manifestazione culturale perché fascisti, di fatto esercitando una censura, strumento notoriamente fascista. Non avere capito niente di Pasolini e in particolare del suo articolo pubblicato dal "Corriere della Sera" il 24 giugno 1974, intitolato *Il vero fascismo e il vero antifascismo.*

COMUNISTI L'unico essere vivente in Italia che crede ancora seriamente alla loro esistenza in ambito parlamentare è Berlusconi. Fuori dal parlamento, se ne trovano ancora alcuni su Twitter.

CONFINI (1) Se sinceri democratici di sinistra, stigmatizzarli duramente e battersi a colpi di post e tweet su Facebook e Twitter per la loro abolizione. Nel caso però si sia in presenza di una pandemia e qualcuno tenti di lasciare una cosiddetta zona rossa per tornarsene a casa dai Genitori 1&2, mettendo a rischio la salute pubblica, apprezzare il fatto che esercito e polizia siano di guardia ai caselli autostradali, nelle stazioni e negli aeroporti.

CONFINI (2) Sostenere che chi è d'accordo con l'affermazione "un Paese senza confini non è un Paese" è intimamente fascista. Dimenticarsi di essersi battut* per l'indipendenza della Sardegna.

CUCINA In Senato, invitare una senatrice 5Stelle a tornarsene lì. Dato che l'invito arriva da un esponente del Pd, evitare di mettere la notizia in prima pagina o di indire manifestazioni di protesta femministe. Fare uno sforzo mentale e immaginarsi le reazioni se l'invito fosse provenuto da un esponente di FdI.

D'ANNUNZIO Continuare a definirlo fascista ed esecrare l'Impresa Fiumana malgrado il Vate avesse seri contrasti con Mussolini e nonostante la Carta del Carnaro sia stata la costituzione più avanzata d'Europa in temi cari alla sinistra, dal suffragio universale ai diritti civili a quelli dei lavoratori. Ah, già, ma dei diritti dei lavoratori a sinistra si occupano ormai fuori tempo massimo solo Ken Loach e Landini, dai trend-topic su Twitter è evidente da un pezzo che non sono più trendy.

DEMOCRAZIA Accusare di qualunquismo chi sostiene che sia una truffa. Ignorare il teorema dell'impossibilità, valso a Kenneth Arrow il Nobel per l'Economia, secondo cui in realtà la democrazia non esiste. Ignorare il paradosso di Condorcet: nel 1976, negli Stati Uniti, Carter vinse contro Ford, ma Ford aveva vinto contro Reagan e secondo tutti i sondaggi Reagan avrebbe vinto contro Carter. Alzare le spalle se qualcuno cita il caso dei voti contati e annullati e ricontati della Florida, stato governato da Jeb Bush, decisivi per la vittoria contro Al Gore di suo fratello George W. Bush. Se a qualcuno salta in mente di uscirsene con la storia che le democrazie occidentali sono il paravento dietro cui operano il potere finanziario e le multinazionali, additarlo subito come antiamericano, antisionista, antisemita, comunista, fascista, nazista, islamista, integralista e terrorista. Ignorare il trattato sulla democrazia scritto da Tocqueville, e in particolare la pagina che recita: "Il tipo di oppressione da cui sono minacciati i popoli democratici non somiglia a nulla di ciò che è avvenuto in precedenza. Voglio immaginare sotto quali nuove sembianze questo dispotismo potrebbe prodursi nel mondo: vedo una folla sterminata di individui simili tra loro ed eguali che si dannano incessantemente per procurarsi piccoli piaceri volgari, con cui si riempiono l'anima. Ciascuno di essi, preso a parte, è come estraneo al destino di tutti gli altri: i suoi figli e i suoi amici più intimi formano per lui tutta la specie umana; quanto alla vita dei suoi concittadini, egli è tra loro, ma non li vede; li tocca ma non li sente affatto; egli non esiste che in se stesso e per se stesso e, se gli resta ancora una famiglia, possiamo almeno dire che non ha più una patria. Al di sopra di questa massa si erge un potere immenso e tutelare, che si fa carico solo di assicurare i divertimenti collettivi e di vegliare sulla sorte dei singoli. È un potere assoluto, dettagliato, regolare, preveggente e dolce. Rassomiglierebbe all'autorità paterna se, come questa, avesse lo scopo di preparare gli uomini all'età virile; ma, al contrario, non vuole altro che fissarli irrevocabilmente nell'infanzia; ama che i cittadini si divertano, dato che non pensano che a divertirsi". Dire sempre: "Non sarà il sistema perfetto, ma è il migliore dei sistemi possibili".

DESTRA In Italia è sinonimo di fascismo. Tutto ciò che propone è da rigettare in quanto fascista, specie per quanto riguarda la legalità. Nel caso un esponente della sinistra si adoperi per il rispetto della legalità, invocando per esempio una cosa in sé banale come la certezza della pena, diventa automaticamente fascista. Se da destra si sostiene che i popoli africani vanno aiutati in Africa, si tratta di una posizione razzista e fascista. Se da sinistra si annuncia che bisogna aiutare i popoli africani in Africa, si tratta di una posizione solidale e progressista. Dire sempre: "In Italia, una destra per bene sul modello dei conservatori inglesi non esiste". Fare una breve pausa, poi aggiungere allargando le braccia: "Tranne Travaglio, naturalmente".

DI BATTISTA Chiamarlo "Dibba". Ironizzare sui suoi viaggi e le sue collaborazioni editoriali. Secondo lui, il Pd è "il partito più ipocrita del mondo". Trovare elementi che smentiscano questa affermazione dopo le note dichiarazioni: "Coi 5Stelle? Mai". Interrogarsi peraltro sul tasso di ipocrisia nei 5Stelle riandando a certe prese di posizione: "Con il Pd? Mai". Allargare le braccia: "Che cosa non si fa, per il bene del Paese".

DIFFERENZA ANTROPOLOGICA Rivendicarla nei confronti della destra in generale e di tutte le sue declinazioni, che poi sono sofismi, trattandosi sempre e solo di fascisti. Ribadire, senza rendersi conto dell'implicito razzismo: "Noi siamo antropologicamente diversi". Prendersi molto sul serio.

DI MAIO Ironizzare sui congiuntivi, la cultura generale e la lingua inglese dopo aver stigmatizzato chi in passato ironizzava sulla Fedeli.

DIRITTI UMANI Bisogna difenderli dappertutto nel mondo, specie in Iran, in Russia e in Corea del Nord, ma non nella prigione di Guantanamo o anche solo nelle sovraffollate carceri italiane, per tacere del trattamento riservato negli anni di piombo a chi finiva all'Asinara e simili per ragioni politiche. Mostrarsi più morbidi con la Cina per via delle note ragioni commerciali.

DISUMANI Sono tali i video in cui i miliziani di Al Qaeda o dell'Isis decapitano ostaggi occidentali e no, ma non lo sono i filmati in cui si vede l'esplosione delle due atomiche su Hiroshima e Nagasaki o magari quelli dove si vedono certi marines stuprare una quattordicenne irachena per poi massacrare tutta la sua famiglia, anche perché in questo caso la censura militare fa in modo che non circolino.

ECOLOGIA Tema imprescindibile: peccato solo averlo capito quando secondo molti autorevoli pareri si sarebbe ormai fuori tempo massimo, considerate le condizioni della biosfera, lo scioglimento dei poli e dei ghiacciai e l'innalzamento dei mari e degli oceani, assai più rapido di quanto non si prevedesse solo fino a ieri. Organizzare convegni e dibattiti sul tema. Evitare di fare due conti su quanto costi da un punto di vista ecologico far arrivare in aereo tutti quegli esperti da ogni parte del globo. Criticare Greta perché è andata in America sulla barca del rampollo di una famiglia di palazzinari. Criticarla sempre e comunque. Criticare anche il fatto che è affetta dalla sindrome di Asperger. Evitare di definire "sindrome di Asperger" la sindrome di Asperger perché Asperger, pur avendo scoperto la sindrome, era nazista.

ESISTENZA Secondo il presidente della Repubblica, è a rischio quella dell'Italia, visto e considerato il calo demografico in atto. Tale tesi trova senz'altro concordi non pochi militanti di Casa Pound. E dunque deve necessariamente trovare ferocemente discordi non pochi antifascisti. Per cui, una domanda è d'obbligo: fatevela.

EVERSIONE La si evoca ogniqualvolta la destra va al governo, e specie se al governo va Salvini, che tiene i migranti in ostaggio. Cosa che però fa anche Macron, tra Calais e Ventimiglia. Quindi chiedersi se effettivamente anche Macron sia un eversore.

FASCIOFEMMINISTE Definirle così usando per l'ennesima volta la categoria "fascio" significa non avere rispetto della loro storia e identità. E a ben vedere nemmeno di quelle del Fascismo.

FASCISTI Cercano di rendersi presentabili: talvolta, va detto obiettivamente, con modesti risultati. A quasi un secolo dall'uccisione di Mussolini e dalla fine della guerra, si sbattono ogni giorno per dare un senso agli "antifa", aggredendo magari qualche migrante anziché assaltare il parlamento o le banche, a cui si limitano a spaccare le vetrine mischiandosi ai Black Bloc in occasione di manifestazioni no global. Un tempo li usava pro domo sua la vecchia Dc, in parlamento ma pure altrove, e con questa i servizi segreti Alleati. Oggi servono più che altro a mascherare la mancanza di idee e programmi di sinistra della sinistra, impegnata com'è a fare politiche liberiste che vanno contro qualsiasi idea di sinistra. Mettere *Faccetta nera* come suoneria del telefono cellulare. Organizzare tornei di freccette e di Subbuteo e serate di "cinghiamattanza". Organizzare anche feste di compleanno in onore di Hitler facendo suonare gruppi nazi-rock: che se li avesse mai sentiti il Führer, innamorato com'era di Bruckner e di Wagner, li avrebbe spediti come minimo sul fronte russo in un battaglione di disciplina. Ogni 25 Aprile, mentre quegli altri indossano magliette inneggianti alla Resistenza e cantano *Bella ciao*, tracciare qualche svastica sulle lapidi che ricordano i partigiani. Nelle curve degli stadi, fare "buuu" ai giocatori di origini africane delle squadre avversarie. Nel caso questi militino invece nella propria squadra e si rivelino addirittura determinanti per la vittoria dello scudetto o della Coppa Italia, rendere loro omaggio equiparandoli agli Ascari. Avercela con i gay, pardon, coi froci, senza ricordare il contributo determinante dato all'ascesa di Hitler da Ernst Röhm. Specificare: "Io non ce l'ho con gli ebrei. Se sono ebrei, è un problema loro". Sugli itineranti, pardon, sugli zingari, invece, le posizioni sono meno sfumate. Per gli "antifa", lo sono, democraticamente, tutti coloro che in un modo o nell'altro la pensano diversamente da come la si dovrebbe pensare.

GNOMO Definire così chicchessia non è simpatico. In veste di artisti, crearne uno da giardino dorato che fa il saluto nazista. Aspettare che la polemica si scateni. Godersi la polemica e poi l'assoluzione da parte del tribunale di Norimberga (!), che nel caso dello gnomo nazista dell'artista Ottmar Hörl ha stabilito che sebbene in Germania il saluto nazista rimanga proibito "l'opera rende chiara la contrarietà dell'artista all'ideologia nazista".

GRETA Sedicenne svedese affetta dalla sindrome di Asperger che ha un quadro più chiaro della situazione di tutti i politici al governo del globo, e che soprattutto ha il coraggio di dire come stanno le cose. Il che la dice lunga sul livello dei politici al governo nel globo. Deriderla per la sua malattia e per le sue lacrime. E dire che lei potrebbe rispondere citando Giovanna d'Arco: "Provo pena per voi". Vedi ECOLOGIA. Vedi QUALUNQUISTI.

GRILLO Ironizzare sul fatto che un comico sia o sia stato a capo di un movimento politico. Evitare di chiedersi non solo se non sia un segno dei tempi, ma soprattutto se non ci sia una qualche corresponsabilità.

GUANTANAMO Spiegare con dovizia di argomentazioni che gli Stati Uniti sono la più grande democrazia del mondo a Mohammed Jawad, diciannove anni, dei quali sette passati nelle gabbie della prigione in territorio cubano, dopo che appena dodicenne, ovvero bambino, era stato arrestato dagli americani accusato di un crimine non commesso. Spiegarlo anche a tutti i familiari ancora in vita di tutte le vittime civili dei vari conflitti a cui hanno partecipato gli americani. Evitare di chiedersi quali siano gli effetti di tecniche come la deprivazione sensoriale o la privazione del sonno o l'affogamento simulato. Dire sempre: "Non si tratta di torture, ma di tecniche avanzate d'interrogatorio".

HAMAS Sostenere che in Medio Oriente occorre volenti o nolenti instaurare un dialogo con Hamas implica la possibilità di venire subito catalogati come antisemiti. Hamas d'altra parte non aiuta: pretende che nelle scuole gestite dall'Onu nella Striscia di Gaza non venga fatto cenno alla Shoah.

HEZBOLLAH A seconda di come la si pensi, feroce gruppo terroristico palestinese che va considerato con l'Iran il principale ostacolo sulla via della pace in Medio Oriente, o organizzazione resistente che si oppone all'occupazione israeliana dei Territori. Autore di innumerevoli lanci di missili sul territorio dello Stato di Israele, Hezbollah non riconosce lo Stato di Israele, mentre lo Stato di Israele non riconosce il fatto che Hamas, l'organizzazione politica di cui Hezbollah è il braccio militare, abbia vinto le elezioni palestinesi. Dire sempre, specie se si sta comodamente seduti nel proprio salotto: "Ma quand'è che la finiranno?".

IMPRONTE Se qualcuno propone, in effetti bizzarramente, di prendere quelle dei piedi agli spacciatori africani che si cancellano con l'acido quelle dei polpastrelli delle mani, o peggio lancia l'idea di prendere quelle dei bambini itineranti sfruttati dai genitori in veste di topi d'appartamento o mendicanti o borseggiatori, citare subito le leggi razziali e le relative persecuzioni. Augurarsi che il proprio quartiere non diventi ostaggio dei pusher e che il proprio appartamento non venga mai svaligiato da piccoli "ladri acrobati".

INDIGNAZIONE È indispensabile farne sfoggio, pena passare per qualunquisti e dunque per razzisti sovranisti leghisti, dunque fascisti. Indignarsi per la chiusura dei porti alle navi delle ong da parte del ministro dell'Interno Salvini e firmare indignati un manifesto per la loro riapertura. Non indignarsi per l'apertura dei centri di detenzione libici avallati dal ministro dell'Interno Minniti e non firmare alcun manifesto per la loro chiusura. Ci si indigna comunque sempre per ciò che fa o dice la destra, mai per ciò che fa o dice la sinistra. Condividere la propria sui social ed esternarla in chat equivale a sfoggiare una medaglia.

INQUINAMENTO Purtroppo anche le mucche, in sé ecologiche, emettono gas inquinanti che danneggiano la biosfera quando scoreggiano. Consolarsi col fatto che l'autore della Teoria di Gaia ha dichiarato già una decina di anni fa che per salvare la Terra non c'è più tempo, per cui tanto vale divertirsi. Tenere presente comunque che comprare un Suv è super inquinante, a meno che non sia ibrido o meglio ancora elettrico. Del resto pare che anche girando in bicicletta si inquini, poiché le ruote girando sollevano da terra le polveri sottili. Restare dunque a casa e guardare un documentario del National Geographic.

INTERCETTAZIONI Dare più peso a quelle in cui si parla di sesso rispetto a quelle in cui si parla di banche. Sostenere che sono intercettati tutti gli italiani. Al telefono pronunciare ripetutamente le parole "bomba" e "attentato" per verificare se veramente tutti gli italiani sono intercettati. Nel caso dopo un tot di giorni qualcuno bussi alla porta alle cinque del mattino qualificandosi con il sostantivo "Polizia!", trarne le debite conclusioni. Dire sempre: "Le intercettazioni? Una barbarie".

IRAN Il suo governo non si limita a imporre il velo alle donne e a impiccare i gay, ma oltre a impedire la libertà di stampa si prefigge la distruzione dello Stato di Israele. Prudenza suggerirebbe dunque di non invitarlo come Paese ospite in manifestazioni di carattere culturale, ancorché improntate al dialogo. Menzionare che comunque si apprezza il cinema iraniano, ma specificare che si preferisce quello realizzato dagli esuli. Rimarcare il ritardo di svariati giorni con cui il governo iraniano ha ammesso la responsabilità del recente abbattimento di un aereo Boeing: una cosa inconcepibile in un Paese democratico. Per conoscere la verità su Ustica, in Italia sono occorsi appena quarant'anni.

ISRAELE Ciclicamente, i politici italiani vi si recano in visita. E una volta arrivati, si assiste in certi casi a un vero e proprio miracolo. Una trasfigurazione. L'esempio più clamoroso è senz'altro quello di Gianfranco Fini. Già delfino di Giorgio Almirante, già a capo del Fronte della Gioventù, già segretario del Movimento Sociale Italiano, già presidente di Alleanza Nazionale, già autore della celebre affermazione "Mussolini è stato il più grande statista del Novecento", una volta approdato a Tel Aviv si mise la kippah in testa e disse: "Il Fascismo è il Male Assoluto".

LATITANZA Si chiama esilio, almeno nel caso che il latitante sia un ex presidente del Consiglio rifugiatosi in Tunisia per sfuggire alle manette in seguito a una storia di tangenti miliardarie. In pubblico definire la villa in cui dimorò l'ex presidente del Consiglio "una Cayenna". Dire sempre: "Sarebbe ora di intitolargli una strada, una piazza, anche a Milano". Aggiungere: "Era un grandissimo statista". Ammettere che in effetti, visti certi politici di oggi...

LEGA Il solo Marco Travaglio ha potuto affermare in pubblico di aver votato in passato per la Lega senza beccarsi del razzista e del fascista, anzi direttamente del nazista. Il partito fondato da Umberto Bossi, padre del Trota, e oggi guidato da Matteo Salvini, ex ministro dell'Interno, offre del resto quotidianamente innumerevoli spunti. L'elenco dei casi è sterminato: dai maiali portati a spasso sul luogo dove doveva sorgere una moschea ai disinfettanti spruzzati sui sedili dei treni dove viaggiavano prostitute di origine africana, passando per il già citato manifesto che su Facebook incitava a torturare gli immigrati clandestini per "legittima difesa", ai recenti casi di negata autorizzazione allo sbarco di migranti dalle navi delle ong definite "taxi del mare" che li avevano soccorsi, fino all'originale proposta di rilanciare il turismo in Toscana mettendo le donne in vetrina come nel quartiere a luci rosse di Amsterdam. Togliere dal simbolo la parola "Nord" contando sulla smemoratezza degli italiani per incamerare voti anche al Centro e al Sud, dopo che per decenni si erano definiti "terroni" tutti i nati sotto la Linea Gotica. Presentarsi dunque non più come separatisti ma come sovranisti nazionalisti e fomentare l'odio per i migranti anziché per i meridionali. Dopo essersi augurati l'eruzione del Vesuvio, auspicare l'affondamento delle "carrette del mare" e dei "taxi del mare". Definire "zecche" i "comunisti" ma simpatizzare per l'ex ufficiale del Kgb Vladimir Putin. Simpatizzare anche per Trump e Boris Johnson e per Orban e per la Le Pen. Dire peste e corna dell'Europa e del parlamento europeo dopo aver seduto nel medesimo percependo il relativo stipendio malgrado una certa tendenza all'assenteismo. Uno degli slogan più gettonati della Lega delle origini era "Roma ladrona". Oggi, stando a quanto riferiscono le cronache, pare che "ballino" quarantanove milioni tra spese pazze, peculato e diamanti.

LEGGI RAZZIALI Ricordare solo quelle fasciste e naziste. Evitare di menzionare che il primo Paese al mondo a promulgare leggi razziali furono gli Stati Uniti. Citare i dodici professori che rifiutarono di iscriversi al Partito Nazionale Fascista. Dimenticarsi di ricordare che su 896 cattedratici universitari il solo a rifiutarsi di sostituire un collega ebreo estromesso per le leggi razziali fu Bontempelli, che però nel dopoguerra venne sanzionato in quanto fascista. Aggiungere, a scanso di equivoci: "Il Fascismo? È il Male Assoluto". Evitare di chiedersi se per caso il Male Assoluto oggi come oggi non sia piuttosto, malgrado tutti i suoi gadget, il capitalismo, visto che grazie ai mutamenti climatici da esso indotti al solo scopo di accumulare denaro (lo "sterco del Diavolo") il Pianeta pare destinato a diventare la tomba dell'Umanità intera.

LIBERISMO Lo propugnano come antidoto al radicalismo di sinistra e al populismo di destra convinti sostenitori delle virtù del libero mercato e della globalizzazione, che però incidentalmente sono in genere tutelati da contratti di lavoro a tempo indeterminato presso quotidiani o università, oppure godono di una lauta pensione, o di un sacrosanto vitalizio.

LILIANA SEGRE Per finire sui giornali, darle la cittadinanza onoraria. Oppure, per distinguersi un po', non dargliela.

LIQUAME Secondo i Wu Ming lo producono i "camerati". Dice Renzo De Felice in *Intervista sul fascismo*: "Uno dei danni più grossi che ha fatto il fascismo è stato quello di lasciare in eredità una mentalità fascista ai non fascisti, agli antifascisti, alle generazioni successive anche più decisamente antifasciste (a parole). Una mentalità fascista che va secondo me combattuta in tutti i modi, perché pericolosissima. Una mentalità di intolleranza, di sopraffazione ideologica, di squalificazione dell'avversario per distruggerlo".

MADOFF Sulla stampa israeliana definirlo, paradossalmente, "il sogno di ogni antisemita". Sta di fatto che ha truffato anche non pochi suoi correligionari.

MAFIA Ricordare, partecipando al dibattito sui migranti, che in America l'abbiamo esportata noi. Dire sempre: "È profondamente errato dare all'estero quest'immagine stereotipata dell'Italia".

MANIFESTAZIONI Sono espressione di democrazia solo quelle organizzate dalla sinistra. Tutte le altre no.

MATTEI Non ci si riferisce qui a Enrico ma ai due: Renzi e Salvini. Entrambi ex concorrenti di giochi televisivi condotti da Mike Bongiorno, incarnano proprio grazie a questo particolare solo in apparenza secondario, ma che più di ogni altro li accomuna, la loro alterità rispetto ai protagonisti della vecchia politica, formatisi alla scuola di Palmiro Togliatti e di don Luigi Sturzo. Dichiarare che non si fa politica per ambizione personale ma "per il bene del Paese".

MERCIFICAZIONE Secondo il filosofo Massimo Cacciari, riguarda l'utero in affitto: "Una cosa che avviene per motivi di guadagno da parte di poverette semidisperate. Avverrà pure che la madre doni l'utero al figlio perché non riesce ad avere figli con la moglie, se lo immagina? Ma cosa stiamo dicendo! Ci sono le adozioni, adottino dunque! Si semplifichino le procedure di adozione". E ancora: "Stabiliamo che l'unione tra una coppia omosessuale è come un matrimonio? Bene, benissimo, perfetto. Allora adottino i figli, ci sono milioni di bambini che muoiono di fame". Per cui, secondo gli attuali parametri, come la mettiamo? Sarà fascista anche Cacciari?

MICHELLE OBAMA Quando come Lady Mastella era ancora First Lady, si esultava perché in quanto donna, afroamericana e progressista aveva deciso di coltivare un orto biologico nel giardino della Casa Bianca. Poi però la si criticava duramente perché si faceva stirare i capelli dal suo acconciatore di fiducia, rinnegando così le sue origini afroamericane e le sue "sista" dai capelli crespi. Oggi se la si invita come conferenziera perché sempre donna, afroamericana e progressista, chiede alla pari del marito e senza scomporsi cachet in linea con le tariffe di mercato stabilite molto presumibilmente da uomini bianchi liberisti. Dire sempre: "Comunque ci vorrebbe un presidente donna".

MIGRANTI ECONOMICI Se di sinistra, affermare che non esistono. Sono solo politici. Vedi MIGRANTI POLITICI.

MIGRANTI POLITICI Se di destra, affermare che non esistono. Sono solo economici. Vedi MIGRANTI ECONOMICI.

MODERNITÀ È invisa ai tradizionalisti e dunque ai fascisti. E tuttavia è stato il regista Carlo Lizzani, in un'intervista a "Io Donna", a sostenere che il Fascismo contribuì a modernizzare l'Italia: "Ero un ragazzo e quello era il passaggio dal sogno di diventare scrittore al vedere, in quel nome stampato per la prima volta su una rivista così importante, la realizzazione dei propri sogni. Inoltre, anche se meno, contava il sentirsi parte di un processo più ampio, cioè la modernizzazione dell'Italia operata dal Fascismo. Per noi ragazzi si aprirono le porte di pubblicazioni come 'Primato', con Bottai e altri gerarchi che offrivano la possibilità ai giovani di scrivere per le principali riviste. Il Centro sperimentale di cinematografia, un'invenzione fascista, proiettava i film sovietici. Ci sentivamo promossi come nessun'altra generazione prima di noi. Le parole d'ordine erano 'largo ai giovani' e 'la borghesia la seppelliremo', mentre i nostri padri venivano da società gerontocratiche, bloccate. I Littoriali erano grandi gare giovanili che davano ai diciottenni l'opportunità di viaggiare, uscire di casa, sentirsi autonomi rispetto alla famiglia e ai canoni borghesi [...]. Noi universitari eravamo nei Guf, i Gruppi Universitari Fascisti. Io addirittura al liceo, quando seppi che ai Guf si proiettavano opere che in giro non si vedevano, mi infilai e iniziai a frequentarli per vedere i film di René Clair e quelli del Centro sperimentale. Nel Radioguf i giovani si esercitavano a fare la radio. Ai Teatriguf fecero i primi provini Anna Proclemer e Giulietta Masina. Si veniva catapultati, con la possibilità di cimentarsi e mettersi alla prova. Oggi i Dams non hanno gli stessi mezzi. Di Teatroguf invece ce n'erano diciotto, e non solo a Roma e a Milano. Il fascismo è stato un fenomeno articolato, complesso, non è come i colonnelli greci o Pinochet. La predicazione antiborghese del fascismo ci ha preparato a passare armi e bagagli sul fronte marxista. All'Istituto di cultura fascista andavamo a leggere il *Manifesto* di Marx in appendice a un volume di Labriola". Per cui, di nuovo, come la mettiamo? Il Fascismo ha davvero fatto anche "qualcosa di buono"? O anche Lizzani lo si sarebbe dovuto appendere a testa in giù?

MORALE È molto spesso doppia. La si usa a sinistra per mascherare la propria incapacità di proporre politiche costruttive in grado di battere l'avversario. I risultati sono noti: Berlusconi, per dire, è rimasto al potere per vent'anni.

MORALISTI Alla Alberto Sordi. Lo sono, secondo l'ex procuratore capo Gian Carlo Caselli, simbolo della lotta al terrorismo e alla mafia, i parlamentari che hanno chiesto i tagli alle pensioni d'oro.

MOSSAD Vedi CIA.

MUTAMENTI CLIMATICI Dovrebbero stare in cima ai pensieri e ai programmi di tutti i governi e di tutti i partiti, visto che sono provocati dal nostro impatto sul mondo e considerato che il mondo non ne può più del nostro impatto sul mondo. Scannarsi invece per i posti da ministro e per quelli da sottosegretario. Criticare Greta per il suo discorso all'Onu accusandola di essere stata superficiale, di aver fatto un intervento di pancia, dettato dall'emotività, rimproverandola di aver accusato i potenti per aver rubato il futuro a lei e ai suoi coetanei, argomentando che il futuro "in quanto ancora da verificarsi, non si può rubare". Non rendersi conto. Ma ci penserà il tempo, grande scultore.

NAZISKIN Definirli sempre così malgrado tale dizione inventata dai giornali non venga adoperata da alcuno dei soggetti indicati come tali. Rilevare come in Val Venosta, in provincia di Bolzano, vi fossero dei giovani che a quanto sembra volevano addirittura rifondare la Hitlerjugend. Stupirsi in veste di inviati della loro aria "persin mansueta". Evitare di chiedersi i perché di certi fenomeni.

NAZISTI Può sembrare bizzarro, ma stando a certi commentatori anche autorevoli ci sono in giro più nazisti oggi che fra il 1933 e il 1945. Nel corso degli ultimi anni la patente di nazista non si è infatti negata a nessuno. Come per quella di fascista, basta avere un'opinione diversa sul Gay Pride. Per dire: si è sentita dare della nazista perfino la Binetti, deputata di area cattolica ex Dc che si era dichiarata contraria al riconoscimento delle unioni omosessuali e cioè ai cosiddetti Dico. Un tempo, per sentirsi dare del nazista bisognava almeno avere incendiato Boves o aver partecipato alla strage di Sant'Anna di Stazzema o a quella di Marzabotto o all'eccidio delle Fosse Ardeatine. Oggi è diverso. Non ti piacciono gli spacciatori africani sotto casa anche se hai la fortuna di vivere in un quartiere multietnico? Sei un nazista. Non credi che l'Italia possa realisticamente ospitare tutti coloro che nei prossimi anni e decenni arriveranno dall'Africa? Sei un nazista. Non vai pazzo per la cucina etnica? Sei un nazista. Non ti fai le canne? Sei un nazista. Non sei a favore della liberalizzazione delle droghe e per giunta ti ostini a chiamarle "droghe" anziché "sostanze"? Sei un nazista. Sei contrario all'utero in affitto? Sei un nazista. Sei perplesso riguardo alle adozioni da parte dei gay single? Sei un nazista. Pensi che le banche pratichino l'usura legalizzata? Sei un nazista. Ritieni che la finanza internazionale condizioni pesantemente le decisioni della politica? Sei un nazista. Guardi con simpatia all'Iran? Sei un nazista. Guardi con simpatia a Putin? Sei un nazista. Guardi con simpatia a Trump? Sei un nazista. Hai votato Salvini? Sei un nazista. Vai in giro con un pit bull? Sei un nazista. Collezioni soldatini? Sei un nazista. Ascolti Wagner anziché la trap? Sei un nazista.

NEONAZISTI Vedi NAZISTI.

NEW YORK TIMES Definirlo sempre "la testata più autorevole". Restare perplessi apprendendo che, dopo una delle ricorrenti stragi che caratterizzano gli Usa, le proteste via mail dei lettori "liberal" ovvero progressisti hanno fatto sì che l'edizione online cambiasse il titolo di un articolo, da *Trump urges unity against racism* a *Assailing hate but not guns*.

NO GLOBAL Dire sempre: "Chi critica la globalizzazione è contro la libertà, il progresso e il bene dell'Umanità".

NO LOGO In quanto No logo e No global, occorre manifestare almeno una volta nella vita contro un G8. Il G8 di Genova è stato quello che è stato: una "macelleria messicana", stando alle parole di un importante funzionario della polizia di Stato. E all'epoca da sinistra si parlò di fascismo.

Peccato non si sia parlato di fascismo anche in riferimento alla repressione dell'analoga manifestazione avvenuta a Napoli pochi mesi prima, quando le forze dell'ordine adottarono gli stessi metodi poi usati a Genova: ma già, a quel tempo il governo in carica era di centro-sinistra. Quando nell'estate del 2009 vennero resi pubblici i fotogrammi in base ai quali la questura di Torino aveva identificato svariati "soggetti" tra i manifestanti scesi in strada contro il G8 delle università, saltava agli occhi il fatto che un ragazzo più o meno "travisato" fosse stato individuato tra tanti anche perché calzava un paio di scarpe sportive di una determinata marca. Ora: a forza di leggere gialli e di seguire in tivù gli sviluppi di fatti di cronaca nera più o meno eclatanti, tutti sappiamo come oggi basti perdere un capello per lasciare dietro di sé tracce utili ai tecnici della Scientifica. Farla franca è dunque sempre più difficile. Ma nel caso specifico di un manifestante No logo anti-G8, per giunta universitario, ha un che di surreale che sia stato pizzicato grazie al logo di una multinazionale. Sta di fatto che il saggio della Klein (*No logo*) pare sempre più attuale. Anzi: per certi versi addirittura premonitore. Basti pensare al capitolo dedicato ai lavoratori interinali del ricco e sindacalizzato Occidente, nel quale la Klein oltre a illustrare le delizie del precariato rilevava la distanza siderale tra i salari da fame dei neoassunti e gli stipendi e i bonus dei top manager: "Ray Irani, amministratore delegato della Occidental Petroleum, ha riscosso nel 1997 101 milioni di dollari, anche se in quell'anno la multinazionale ha subìto una perdita di 390 milioni". Vi ricorda qualcosa? Il Nobel per l'Economia a Joseph Stiglitz, premiato per le sue teorie fortemente critiche nei confronti del neoliberismo, era di là da venire, come del resto il caso Madoff e il crack della Lehman Brothers. Il merito maggiore dell'autrice è stato però quello di portare alla luce le modalità con cui le multinazionali operavano (e continuano a operare) nei tanti Sud del mondo, senza dover rendere conto ad alcuno, in spregio ai più elementari diritti e lontano dagli occhi dei consumatori. Proprio per questo, pare lecito chiedersi fino a quando i contestatori indosseranno la divisa del teenager globale raccontato da Naomi Klein in *No logo*. Rilevare: “Sì, quella vuole passare per anticapitalista e anticonsumista e antisistema, ma poi viaggia in prima classe e pretende alberghi e ristoranti di lusso”.

NO TAV Schierarsi senza se e senza ma dalla parte dei No Tav. Schierarsi senza se e senza ma dalla parte dei Sì Tav. Passare lustri a discutere della Tav.

ODIO Dopo avere detto e/o scritto e/o urlato per decenni che uccidere i fascisti non è reato, che i fascisti devono tornare nelle fogne, che i fascisti devono stare fuori dall’università, che con i fascisti non si parla, che l’unico fascista buono è il fascista morto, che il fascista deve stare a testa in giù, indignarsi per via del loro odio e affermare: “La loro politica è basata sull’odio”.

OPERAI Rendersi conto con qualche decennio di ritardo che la sinistra li ha dimenticati: *La sinistra che ha dimenticato gli operai e quei milioni di voti persi*, come da titolo di un commento di Gad Lerner su “Repubblica” nell’estate del 2019. Poi però per fortuna sono arrivate le Sardine.

PALADINA Di quella del #metoo si è detto. A quella della libertà, la birmana Aung San Suu Kyi, premio Nobel per la Pace, accusata di connivenza coi generali colpevoli del genocidio del popolo Rohingya, minoranza nel seno di quel Paese del Sud-Est asiatico, si è già accennato. Chiedersi se oltre a non aver più bisogno di eroi il mondo abbia ancora bisogno di paladine.

PALMA In teoria dovrebbe essere un albero con fusto a colonna sormontato da un pennacchio di foglie verdi, lucenti e flessibili, almeno stando ai dizionari. Ma a fine gennaio 2008 saltarono fuori le foto di una jeep dell’esercito italiano colpita da una mina nel deserto iracheno, e sulla fiancata dell’automezzo spiccava una palma. Immediate le polemiche. La palma con la svastica era il simbolo del Deutsches Afrikakorps del feldmaresciallo Erwin Rommel, anche detto La Volpe del Deserto. Ora, si potrà obiettare che nel caso della palma dipinta sulla fiancata della jeep dai militari italiani era proprio solo una palma, una semplice palma a cui mancava la svastica, e che le palme sono elementi del paesaggio assai diffusi in Iraq. Ma a quanto pare anche le semplici palme –per tacere delle querce, le cui foglie durante il Terzo Reich vennero usate per decorazioni e mostrine – sono per definizione naziste.

PAPEETE BEACH Indignarsi per le immagini di Salvini a torso nudo, stigmatizzando duramente il fatto che un politico al governo si faccia immortalare in spiaggia e in costume da bagno e rimpiangere lo stile dei politici che lo hanno preceduto. Cadere dalle nuvole di fronte alle immagini in costume da bagno dei vari Prodi, De Mita, D'Alema, Craxi, Fassino et cetera.

PARTITO DEMOCRATICO La formazione politica erede dei Ds e del Pds e della Margherita e dunque del Pci e della parte più sociale della Dc, potenzialmente capace dunque di mettere assieme ben più del 50 per cento dei voti ma arrivata di recente, grazie alle indubbie capacità dei propri dirigenti, anche sotto il 17 per cento. Far notare ai giornalisti la modernità del leggìo trasparente adottato in occasione del congresso di fondazione del partito, simbolo del rinnovamento. Chiudere sezioni storiche e vecchie Case del Popolo per mancanza di fondi, ma organizzare notti bianche con orchestre multietniche e affittare a caro prezzo un loft come quartier generale del nuovo partito, chiamandolo proprio Loft per dare un segnale forte di rinnovamento e modernità. Esigere liste bloccate non solo per le normali elezioni ma anche per le cosiddette primarie. Disdire l'affitto del Loft e cambiare sede dopo la sconfitta alle elezioni. Nel caso ci si dimetta dopo una sconfitta, non dare corso all'annuncio forse prematuro secondo cui all'indomani di eventuali dimissioni si sarebbe partiti per l'Africa allo scopo di "dare una mano" per risolvere i problemi di quel Continente. Scrivere romanzi con intrecci e protagonisti politicamente corretti. Dichiarare di aver comprato casa a New York grazie ai diritti dell'ultimo libro. Presentarsi a L'Aquila dopo il terremoto e durante il G8 in compagnia di George Clooney ma senza Elisabetta Canalis. Affermare di calzare scarpe da due milioni delle vecchie lire. Smentire di calzare scarpe da due milioni delle vecchie lire. Far presente che la barca su cui si è stati fotografati mentre si era al timone è una multiproprietà. Andare sempre da Vespa, mai davanti ai cancelli di Mirafiori. Soprattutto abitare in quartieri molto, molto, molto distanti da Mirafiori ma anche da Tor Bella Monaca o da Rogoredo o dalle Vele o da Scampia o dallo Zen o dalle Vallette. Far trapelare di avere sul conto corrente poche migliaia di euro. Pochi mesi dopo, fare un investimento milionario nel mattone. In vista del congresso, lanciarsi reciproche accuse più o meno velate in merito ai nuovi tesserati. Se al governo, posticipare il più a lungo possibile le nomine Rai per la Terza Rete in modo da farle all'indomani del congresso, così da garantire almeno quelle al vincitore di quest'ultimo. Chiamare la vecchia Festa dell'Unità "Democratic Party". Mitizzare Kennedy glissando sul fatto che fu lui a decidere l'intervento americano in Vietnam. Dire con aria sognante: "I have a dream". Fare una breve pausa e aggiungere con aria tra il preoccupato e il consapevole: "I care". Chiedersi se tutti gli iscritti o ex abbiano dimestichezza con le lingue straniere. Dire anche: "Ciaone". Farsi immortalare mentre si fa footing con la scorta. Farsi immortalare mentre si fa la spesa al supermercato senza scorta. Non assumersi mai le proprie responsabilità. Da ex ministro iscritto al Pd, affermare: "Il Pd avrebbe bisogno di uno psichiatra. Spero si estingua". Dopodiché darsi da fare inutilmente per guidarlo. Infine, rassegnarsi alla realtà e rassegnare le dimissioni. Definire i 5 Stelle "incapaci", "cialtroni", "populisti", "fascisti". Giurare: "Mai con i 5 Stelle". Il giorno dopo, pur avendo perso le ultime elezioni, andare al governo con i 5 Stelle. Dichiarare: "Per salvare l'Italia".

PASIONARIA "Oggi siamo governati da un'alleanza tra i politici al potere e le multinazionali. I lavoratori non hanno diritti sindacali, in fabbrica hanno paura di parlare. I contadini perdono le terre, la criminalità ci minaccia, la finanza internazionale ci domina. Intanto hanno ridotto i cittadini a un ammasso di consumatori istupiditi dagli spot televisivi." Secondo voi chi ha pronunciato queste parole? Laura Boldrini? No. Emma Bonino? No di certo. Hillary Clinton? Ma nemmeno per sogno. È stata Krisztina Morvai, populista ungherese accusata tra l'altro di antisemitismo. Come esercizio, individuare i punti del discorso riportato che possono essere attribuiti non solo a una militante di Liberi&Uguali, ma anche a soggetti della sinistra "moderata". In Italia abbiamo appunto la sopracitata Boldrini, che però a un tratto ha cominciato a parlare di migranti usando le parole "immigrati" e "irregolari". Vedi la famosa frase: "In Italia ci sono seicentomila immigrati irregolari, che Salvini non riuscirà a espellere come promesso in campagna elettorale". Affermazione che, oltre a dare un numero in linea con i dati della destra, ha fatto inarcare più di un sopracciglio per via di quei due sostantivi ormai tabù. Da destra comunque attaccare sempre la Boldrini con argomentazioni anche articolate, per esempio esibendo su un palco una bambola gonfiabile. Accusarla di essere andata col velo in moschea e in ciabatte dal papa. Indignarsi sia per la bambola sia per le accuse. Poi però andare a vedere su Dagospia le foto di lei e dei suoi alluci al cospetto del Santo Padre, constatando che in effetti non si era mai visto nella Storia un/una presidente della Camera presentarsi così dal papa. Ripensare con un velo di nostalgia a Nilde Jotti.

PAVLOV Noto possessore di cane. L'effetto omonimo scatta allorquando qualcuno ha un'opinione non in linea col pensiero unico dominante, per cui occorre immediatamente dargli del fascista.

PEACE-KEEPING Espressione che oggi come oggi va usata in luogo di "occupazione militare". Dire sempre: "Abbiamo dunque deciso, per tutelare la popolazione locale, di dare il via a un'operazione di peace-keeping".

POPULISTI Il Male Assoluto. Vedi SOVRANISTI.

PREFERENZE Sostenere in pubblico, specie se invitati in un salotto televisivo, che forse sarebbe il caso di tornare a questo meccanismo per dare davvero agli elettori la possibilità di eleggere chi vogliono, mostrando così di tenere in alta considerazione il volere popolare. Alla prima riunione riservata, affermare: "Tornare alle preferenze? Ma stiamo scherzando? Le liste sono e devono rimanere bloccate".

PRIMARIE Indirle, così da mostrare quanto si è autenticamente democratici lasciando alla base la possibilità di scegliere liberamente chi eleggere. Ricordarsi però di ricorrere a liste bloccate, decise dai vertici del partito, dove oltre ai soliti noti occorrerà comunque inserire almeno un operaio, un imprenditore e un transgender, e se possibile un migrante. Dire sempre: "Le primarie? Sono la dimostrazione che la democrazia c'è ancora, in questo Paese". Oppure: "Le primarie? Sono inutili".

PRIVAZIONE DEL SONNO Non si tratta certo di tortura, solo di una tecnica avanzata di interrogatorio. Talvolta viene sperimentata non grazie ai metodi della Cia ma a causa dell'arrivo dei figli.

PROGRAMMA DI CONTROLLO DELLE RISORSE Si tratta della terminologia che occorre usare quando si scrive il testo delle conferenze stampa del capo di Stato Maggiore nel momento in cui si pianifica e si attua la distruzione della vegetazione presente sul territorio nemico, così da impedirgli di nutrirsi e di nascondersi, in genere per mezzo di bombardamenti al napalm. Dire sempre: "Siamo qui per aiutarvi".

QUALUNQUISTI Lo sono coloro che per qualsiasi motivo criticano la classe politica italiana e in particolare la sinistra. Se, poniamo, affermate pubblicamente che tutto sommato preferite la destra perché la destra non pretende di essere altro che la destra e si comporta da destra, mentre la sinistra che pretende di essere altro dalla destra millantando anzi la sua "diversità antropologica" si comporta in linea di massima tale quale alla destra, se non peggio, siete qualunquisti. Se osate mormorare che anche certe giunte di sinistra favoriscono il partito del cemento, siete qualunquisti. Se vi azzardate a sussurrare che anche a sinistra vale il principio che a lavorare in certi ambiti sono sempre gli amici degli amici, siete qualunquisti. Se vi spingete fino a pensare che forse anche per la sinistra i migranti sono innanzitutto un argomento da usare in campagna elettorale, siete qualunquisti. Se invece dite o pensate tutte queste cose in riferimento alla destra, non siete qualunquisti ma sinceri democratici. Dire sempre, con aria disgustata: "Chi, quello? È un qualunquista". Una volta Luca Rastello mi raccontò che in occasione di un dibattito pubblico un politico di sinistra gli aveva dato addirittura dell'operaista, intendendo tale termine come spregiativo se non come un insulto. Per dire. Ciao Luca. Ci manchi, proprio tanto.

REGIME Evocarlo ogniqualvolta la destra va al governo. Predire da decenni l'avvento ormai imminente del fascismo. In chat, tra intellettuali di sinistra, dirsi pronti a salire in montagna. Non avere il senso del ridicolo.

RENZI Detto anche "il Bomba". Uomo senz'altro ambizioso, all'epoca in cui stava nel Pd dichiarò che il Pd doveva essere un partito "a vocazione maggioritaria". Dopo essere uscito dal Pd ha fondato Italia Viva, che gli ultimi sondaggi danno intorno al 4 per cento.

RESPINGIMENTI In qualità di sindaci democratici e di sinistra, stigmatizzare la politica dei cosiddetti propugnata dalla destra, che tra l'altro accusa da sempre i migranti di essere portatori di malattie. Invitare poi però i propri concittadini a tornare indietro qualora nel contesto di una pandemia si siano messi in viaggio da una "zona rossa" per tornare dai Genitori 1&2.

RESTIAMO UMANI Ma solo con chi ci piace.

RICICLAGGIO Dire sempre, specie se si ricopre la carica di sindaco non solo in Sicilia ma anche al Nord, dove com'è noto le cosche lavano i soldi soprattutto nel famoso comparto dell'edilizia: "Nella città che amministro la mafia non esiste". Lo stesso vale per camorra e 'ndrangheta. Minacciare querele nei confronti di chi si azzarda ad affermare il contrario.

RIPOSIZIONAMENTO Arte della sopravvivenza che si pratica innanzitutto in Rai ma anche altrove nel momento in cui un governo più o meno fragorosamente e imprevedibilmente cade, e occorre attrezzarsi per stare a galla. Dichiarare: "Guardi, da parte mia non ho mai avuto bisogno di padrini politici e ho sempre svolto il mio lavoro con specchiata professionalità".

ROUSSEAU Secondo alcuni, la nuova Spectre.

SALVINI Una vera e propria manna per titolisti e commentatori. Detto anche "il Truce" o "la Bestia" da chi abitualmente si indigna se si usa il termine "immigrato" al posto di quello di "migrante". In chat affermare: "È tempo di salire in montagna, compagni*". Ricordarsi di comprare il miele di rododendro da regalare ad amic* e parent* al ritorno. Vedi BERLUSCONI. Vedi TRUMP.

SARDINE Cercando di nuotare controcorrente, si sono fatte dapprima immortalare con Benetton, per poi recarsi da Maria De Filippi postando sui social il seguente comunicato: "Pronti al debutto. Con la giusta tensione di chi fa qualcosa che non ha mai fatto, ma con la felicità di portare un messaggio in cui crediamo in un posto che ci piace perché parla con l'arte, in cui abbiamo scelto di essere. Questa sera apriremo la prima puntata del serale di *Amici*. Una decisione forte che rivendichiamo e che ci dà l'opportunità di parlare ai giovani e di portare i nostri valori in un programma che premia il talento". Notare tra le altre cose l'uso del "rivendichiamo". Ripensare a Pasolini, al suo "L'Italia è un Paese ridicolo e sinistro".

Redigere un manifesto in cui si proclama che è giunto il momento della riflessione. Auguri vivissimi.

SINISTRA Approfittare del fatto che, essendo di sinistra, si possono prendere provvedimenti che proprio di sinistra non sembrerebbero sapendo che non vi saranno grandi proteste di piazza da parte del popolo della sinistra, e dunque introdurre il precariato, bombardare l'ex Jugoslavia o stringere accordi coi libici per la creazione di centri di detenzione dei migranti, in seguito – ma solo in seguito, ovvero quando al governo ci sarà la Lega – definiti "lager" anche dai giornali di sinistra. Se contestati in veste di politici di sinistra in occasione di funerali pubblici, affermare che si è trattato di una cosa organizzata dalla destra senza badare al fatto che con tale affermazione si dà l'idea di disprezzare vieppiù i normali cittadini. Dire sempre: "Per il Paese le priorità sono altre", evitando di specificare quali. Eleggere a proprio faro politici stranieri che di volta in volta portano avanti politiche sostanzialmente liberiste, da Blair a Macron passando per Obama. In campagna elettorale, usare innanzitutto i temi "diritti civili", "matrimoni gay", "utero in affitto", "migranti" e "antifascismo", guardandosi bene dal mettere in discussione la globalizzazione o le attuali leggi che regolano il mercato del lavoro, che penalizzano o azzerano i diritti dei lavoratori e al cui concepimento si è peraltro contribuito.

SOVRANISTI Vedi POPULISTI.

STATISTA Sostenere che lo fosse Benito Mussolini ma poi smentire di averlo detto, specie alla vigilia di una visita in Israele. Dire sempre a proposito di Craxi: "Lui sì che era uno statista. Ed è morto in esilio, lontano dalla sua amata Italia, in quella Cayenna!". Vedi LATITANZA.

STRUMENTALIZZATI Lo sono i migranti, da una parte e dall'altra: da chi pensa che respingerli porti voti alla destra, da chi pensa che accoglierli porti voti alla sinistra.

TALEBANI I nuovi nazisti. Citare la distruzione delle statue, il burqa e *Il cacciatore di aquiloni*. Chiunque dichiari in pubblico che le leggi vanno rispettate diventa automaticamente un talebano. Dire sempre: "Travaglio? Un talebano". Aggiungere, allargando le braccia: "Però, documentatissimo". Rilevare come la progressiva emarginazione dalla scena politica di Berlusconi abbia comportato una riduzione delle entrate per svariati commentatori e artisti. Poi per fortuna è arrivato Salvini.

TERRORISTI Oggi come oggi sono sempre islamici. Nel caso di quelli nostrani più vintage, i loro comunicati sono sempre stati a seconda dei casi "farneticanti" oppure "deliranti". Usare sempre l'espressione "follia terrorista", magari alternandola a "barbarie terrorista". Ribadire sempre con forza che i terroristi che agivano in Italia nei cosiddetti anni di piombo "non avevano nulla a che spartire né con gli operai né con il sindacato". Affermare con malcelata superiorità: "Figuriamoci, i terroristi parlavano di Stato imperialista delle multinazionali, ma stiamo scherzando?". Dire sempre: "Un tempo c'era chi diceva: né con lo Stato, né con le Br. Ebbene, solo un'alta concezione dello Stato e la consapevolezza che era necessario superare le divisioni e operare congiuntamente in un quadro di unità nazionale ci hanno permesso di sconfiggere il terrorismo". Aggiungere: "Al di là di quello che sostengono certe ricostruzioni come minimo un po' fantasiose, ci tengo a sottolineare che all'epoca, per salvare Aldo Moro, abbiamo fatto tutto il possibile. Purtroppo, non ci siamo riusciti". Ribadire la veridicità della storia riguardante la famosa seduta spiritica in cui saltò fuori la parola "Gradoli". Ambire alla presidenza della Repubblica.

TERZISMO Neologismo che fa rima con cerchiobottismo e che si usa per non adoperare "paraculismo".

TESI Se la si copia e si ottiene anche dopo anni e anni un posto di governo e si viene sgamati, in Germania si danno le dimissioni. In Italia invece queste vengono richieste dall'opposizione senza grandi risultati. Poi però quando l'opposizione va al governo e uno dei suoi ministri si vede rivolgere la medesima accusa, respingere con fermezza ogni ipotesi di dimissioni.

TORTURA Per definizione è roba da nazisti, soprattutto in soprabito di cuoio nero della Gestapo, o da fascisti in orbace, specie nelle celle sotterranee della Prinz Albrecht Strasse a Berlino o in quelle di via Tasso a Roma e in film come *Salò o le 120 giornate di Sodoma* di Pasolini. In democrazia al massimo vengono usate "tecniche avanzate di interrogatorio". Resta da capire perché, ritrovandosi nell'aula di un tribunale americano dopo anni di detenzione in quel di Guantanamo, il prigioniero accusato di essere la mente dietro gli attentati dell'11 Settembre abbia come prima cosa chiesto alla corte di essere condannato a morte, rinunciando alla difesa. In Italia la tortura non era prevista dai codici, quindi fino a poco tempo fa non esisteva. Non esisteva non solo nelle carceri speciali dove a partire dagli anni Settanta vennero rinchiusi i membri originari delle Brigate Rosse e di altre organizzazioni extraparlamentari di sinistra o di destra, ma nemmeno nella caserma di Bolzaneto o nella scuola Diaz di Genova. Il fatto che decine di cittadini italiani e stranieri abbiano dichiarato sotto giuramento di aver subìto in quei luoghi durante il G8 cose come pestaggi e calci agli organi genitali, e di essere stati costretti a rimanere fermi per ore e ore con le gambe divaricate e le mani dietro la nuca senza potersi recare in bagno perché raggiungere il bagno significava dover passare per un corridoio dove piovevano manganellate, senza contare che anche le donne dovevano fare i bisogni con la porta aperta, che ad alcune/i sia stato strappato il piercing, che sempre le donne abbiano dovuto spogliarsi nude per farsi perquisire davanti ad agenti maschi, o che a causa delle manganellate ci sia stato chi ha avuto le costole rotte o un polmone perforato o il cranio sfondato o abbia perso gran parte dei denti, non significa che vi siano state torture. Al più si è trattato di maltrattamenti, in ogni caso "presunti". Evitare, specie facendo parte delle forze dell'ordine, di dire cose tipo: "E in quel momento mi resi conto che si trattava di una macelleria messicana". Dire sempre: "Mi creda, si tratta di esagerazioni. Certi metodi non appartengono alla tradizione di uno Stato democratico qual è l'Italia". L'ultimo caso si è registrato a Siena, dove quindici agenti penitenziari sono al momento accusati di aver pestato e torturato un prigioniero tunisino.

TRUMP L'ennesimo "nuovo Hitler". Definirlo un fascista. Il sogno di tutti coloro che hanno l'indignazione in tasca. Come lui solo Salvini e, staccati di qualche lunghezza, Putin e Boris Johnson. Non si è registrata pari indignazione per Blair, ad esempio, uno che ha di fatto abbracciato le politiche liberiste della Thatcher, smantellando quello che restava dello stato sociale in Inghilterra. Ma già, lui era laburista. Restare un filo interdetti rendendosi conto che al contrario dei vari Kennedy, Clinton e Obama, Donald è per il ritiro delle truppe dai teatri di guerra al di fuori dei confini americani. Sfotterlo per via della capigliatura come già sperimentato con Berlusconi senza mai chiedersi se lo si sarebbe fatto anche nel caso fosse stato un presidente eletto tra le fila del Partito Democratico. Rallegrarsene: "E poi ce l'avevano con noi e Berlusconi". Vedi BERLUSCONI. Vedi SALVINI.

TURISMO A Senigallia, all'epoca della giunta Pd-Verdi, progettare di costruire un polo turistico nuovo di zecca al posto dell'edificio, una ex colonia fascista, dove tra il dicembre del 1943 e il giugno del 1944 vennero internati gli ebrei rastrellati in attesa di deportarli nei lager. Se un discendente di quelle vittime della barbarie nazista protesta – come è il caso di Ettore Coen, che della ex colonia ha fatto con alcuni compagni un centro sociale No global e che si sta dando da fare per trovare testimonianze, per esempio tra le pagine di *Il libro della memoria* di Liliana Picciotto – dare comunque ragione al sindaco di sinistra che preme per il polo turistico. Chiedersi quali sarebbero le reazioni e i commenti se il sindaco fosse di destra. Ribadire sempre: "Perché certe tragedie non si ripetano è nostro preciso dovere conservare la memoria".

VELTRONISMO La massima espressione del "buonismo" e del "ma anche". Vedi BUONISMO. Vedi PARTITO DEMOCRATICO.

VENDITA DI ARMI Si tratta di "assistenza per la sicurezza".

VIDEOGIOCHI Stupirsi perché in Germania è stato dato il via libera ai simboli nazisti nei videogiochi, tra cui svastiche e rune delle SS, come già accade al cinema e in tv: "Purché non sia propaganda".

VIOLENZA Condannare sempre quella dei fascisti. Glissare invece su quella del capitalismo, con le morti sul lavoro, i suicidi degli imprenditori, gli sfratti a opera delle banche, i salari da fame di un precariato fatto passare come grande occasione di libertà, il progressivo azzeramento dei diritti ritenuti un tempo fondamentali dei lavoratori sostituiti da quelli civili, per tacere della riduzione a merce del corpo della donna trasformata in utero in affitto.

VITTORIO FELTRI Il solo che dica ciò che pensa, cosa che di questi tempi gli fa onore al di là di ciò che pensa.

VOLTAIRE Sostenere che, dato che non fu lui ad affermare "Non sono d'accordo con quello che dici, ma darei la vita perché tu lo possa dire", è cosa buona e giusta essere tolleranti solo con chi la pensa come piace a noi. Tutti gli altri non devono avere diritto né di pensiero né di parola: solo così si è sinceri democratici e si difendono i valori della democrazia.

La Storia

Da che mondo è mondo, con l'eccezione di Tacito e del suo "Laddove fanno il deserto, lo chiamano pace", la Storia viene scritta com'è noto dai vincitori. Cosa che dovrebbe sempre autorizzare qualche dubbio. Esiste tuttavia un periodo storico che di dubbi non ne ammette, ed è quello che va dal 1922 al 1945. Ogni ipotesi che si discosti anche solo di poco da quella ufficialmente riconosciuta e certificata come verità assoluta, definitiva e incontrovertibile, in una parola dogmatica, va catalogata alla voce revisionismo, e chi la sostenesse va trattato di conseguenza, perché è un fascista. Tra le opzioni, la più gettonata in democrazia è impedirgli di parlare, vedi le polemiche anche feroci seguite alla pubblicazione del volume intitolato Una guerra civile. Saggio sulla moralità della Resistenza *di Claudio Pavone, ma soprattutto la sorte toccata a Gianpaolo Pansa e ai suoi libri, per tacere del trattamento riservato in Italia allo storico tedesco Ernst Nolte, colpevole fondamentalmente di aver scritto che i lager vennero dopo i gulag.*

Di recente, la Storia si è arricchita di un altro dogma, quello riguardante la genesi e il dipanarsi dell'11 settembre 2001, data-simbolo dell'attacco alle Torri Gemelle del World Trade Center di New York e al Pentagono di Washington. Di nuovo, chiunque metta in dubbio in toto o in parte la versione ufficiale dei fatti e la ricostruzione dei medesimi a opera delle autorità competenti, magari ipotizzando versioni alternative, è da condannare in quanto folle, paranoico, complottista, in malafede, o peggio simpatizzante o fiancheggiatore dei terroristi.

Spesso si sente dire dagli specialisti del settore che per valutare con obiettività determinati eventi e periodi e passaggi e personaggi occorre far trascorrere un certo lasso di tempo, perché solo la distanza permette di vedere bene le cose. Questo però a quanto pare non vale proprio sempre.

ALDO MORO Adombrare che dietro il suo omicidio vi fossero ben altri interessi che non quelli delle Brigate Rosse può sconfinare in ipotesi tali da pregiudicare i buoni rapporti dell'Italia con due o tre Paesi alleati, il che non conviene. Sostenere senza temere di venire contraddetti se non dai famigliari dell'uomo politico ucciso, materialmente, da appartenenti alle Brigate Rosse il 9 maggio 1978, che lo Stato e la Dc volevano salvare Moro. Partecipare, benché professori universitari e cattolici praticanti, a una seduta spiritica e segnalare alle forze dell'ordine che, stando al piattino o al tavolino, al rapito andava collegato il nome di Gradoli. Il risultato è noto: le forze dell'ordine perquisirono tutto il paese di Gradoli, ma evitarono di recarsi a Roma in via Gradoli, dove si sarebbero dovute recare secondo la moglie dello statista democristiano e dove in effetti c'era un covo delle Brigate Rosse. Quando finalmente vi si recarono, perché le Br o chi per esse avevano fatto in modo di provocare una fuga d'acqua nell'appartamento che occupavano, tra l'altro toh guarda in un contesto immobiliare in cui, secondo quanto ricostruito da Sergio Flamigni, erano presenti proprietà riconducibili ai servizi segreti, fu troppo tardi. Dire sempre: "Facemmo tutto ciò che era in nostro potere per salvarlo".

BARBARIE È per definizione sempre nazista o terrorista. Se le forze armate americane commettono un massacro di civili in Sicilia durante la Seconda guerra mondiale, nel Delta del Mekong durante la guerra del Vietnam o a Falluja durante la guerra in Iraq, e se per caso la storia viene fuori malgrado la censura, si tratta sempre di "danni collaterali" frutto di uno "spiacevole errore". Se portavoce dell'esercito americano, denunciare l'uso di proiettili al fosforo da parte del nemico. Smentire l'uso di bombe al fosforo da parte americana malgrado le prove filmate e fotografiche. Ignorare che Churchill – l'uomo che durante la battaglia d'Inghilterra ordinò espressamente per primo i bombardamenti terroristici su obiettivi civili così da provocare le ritorsioni della Luftwaffe, e con questo distoglierla dagli obiettivi militari –, non pago dei bombardamenti terroristici sulla Germania per mezzo di bombe incendiarie e al fosforo, aveva progettato di usare sui giapponesi anche i gas asfissianti. Dire sempre: "E questo sia di eterno monito e... di condanna della barbarie nazista". Elogiare l'interpretazione di Gary Oldman nei panni di Churchill.

BELLA CIAO Va cantata non solo il 25 Aprile o quando la sinistra perde le elezioni o al concerto del Primo Maggio o a ogni esibizione dei Modena City Ramblers, ma anche in chiesa e alla scuola materna e dovunque si renda necessario per via del fatto che da qualche parte è spuntato un fascista. Chi non la canta è va da sé un fascista.

CAMICIE NERE Se come accaduto a Savona, città Medaglia d'Oro della Resistenza, compaiono con gli alpini, gli artiglieri, gli autieri, i bersaglieri, i carabinieri, i finanzieri, i cavalleggeri, i carristi, i fanti, i genieri, i granatieri, i marinai, gli aviatori, i paracadutisti, i sanitari, gli addetti alla sussistenza e i cappellani militari sulla lapide che ricorda i caduti delle forze armate in Russia e su altri teatri di guerra, stigmatizzare duramente e chiedere che la dicitura venga rimossa in quanto offensiva. Rimuovere sempre e comunque.

FOIBE Secondo un signore che di recente è intervenuto con un post sulla pagina Facebook dell'Anpi di Rovigo, sono "un'invenzione storica". Se proprio si è costretti a citarle, rimarcare che comunque il numero delle vittime è stato gonfiato dalla destra, cioè dai fascisti. Rimarcare che comunque vanno "contestualizzate" e dunque metterle in relazione all'occupazione nazi-fascista della Jugoslavia con le relative stragi. Ricorrere così a un'argomentazione che riporta alla mente il vecchio adagio biblico dell'occhio per occhio, dente per dente, senza rendersi conto che applicare in maniera indiscriminata il principio della contestualizzazione potrebbe riservare esiti spiacevoli: si potrebbe per esempio sostenere che la repressione della rivolta algerina da parte dei francesi anche per mezzo delle torture inflitte dai parà ai militanti dell'Fln va contestualizzata nel quadro di un'insurrezione in cui i membri dell'Fln fecero vittime civili coi loro attentati dinamitardi, come raccontato magistralmente da Gillo Pontecorvo nel suo *La battaglia di Algeri*. Chi le cita senza esservi costretto è va da sé un fascista. Vedi GIORNO DEL RICORDO.

GIORNATA DELLA MEMORIA Fa sì che ogni anno fioriscano a seconda di come la si pensa celebrazioni e svastiche. Celebrarla in modo creativo coinvolgendo le scuole. Celebrarla su quotidiani e settimanali. Celebrarla guardando uno dopo l'altro *La vita è bella* di Benigni e *Schindler's List* di Spielberg. Dire che il film di Benigni è più bello di quello di Spielberg. Se qualcuno afferma che il film di Benigni banalizza la Shoah protestare vibratamente, ma se questo qualcuno è ebreo dichiararsi immediatamente d'accordo e ammettere che in effetti è meglio quello di Spielberg. Se tra i presenti c'è invece un ebreo o un'ebrea che dice che, nonostante molti membri della sua famiglia siano stati uccisi e/o torturati nei lager, da parte sua non sopporta più "questa storia della Giornata della Memoria", tacere confusi ma chiedersi in segreto se sotto sotto non si tratti di un/una antisemita alla Némirovsky.

GIORNO DEL RICORDO Chi lo celebra è un fascista. Vedi FOIBE.

HITLER Se qualcuno se ne esce con l'affermazione che dopotutto anche lui ha fatto qualcosa di buono, per esempio azzerando la disoccupazione o costruendo le autostrade o fondando la Volkswagen o istituendo gli asili nelle fabbriche e le crociere per gli operai, segnalarlo al servizio psichiatrico di zona. Ironizzare sul fatto che Hitler e i nazisti amavano gli animali e la natura. Sobbalzare leggendo l'intervista a Fulvio Pepe, protagonista teatrale di *Io, Hitler*, che al "Corriere della Sera" ha dichiarato: "Più volte, con terrore, ho scoperto di essere d'accordo con lui. Lui è in noi". Tirare un mezzo sospiro di sollievo proseguendo nella lettura: "Il male è sempre in agguato". Affermare che lo si capisce anche solo in parte non si fa, come sa bene Lars von Trier, e interpretarlo dando l'idea che fosse un essere umano non va bene, come ha sperimentato Bruno Ganz: va sempre considerato un mostro e comunque ridicolizzato, il che naturalmente rassicura. Considerarlo un essere umano è infatti un filo più inquietante, bisogna essere capaci di accettare l'idea che appartenesse alla nostra medesima specie, che era insomma nostro fratello, alla pari del Mahatma Gandhi. In politica estera lo si evoca a piacere nel momento in cui si intende attaccare un avversario. Per venire catalogati come "nuovi Hitler" sui giornali di tutto l'Occidente non è in alcun modo necessario invadere la Polonia: se capi di Stato, basta sedere su un giacimento di petrolio e non andare troppo d'accordo con il governo degli Stati Uniti. Vedi MUSSOLINI.

LENI RIEFENSTAHL Definirla sempre "ninfa Egeria del nazismo". Ammettere seppure a malincuore che *Il trionfo della volontà* e *Olympia* restano film straordinari capaci di influenzare generazioni di cineasti, ma sobbalzare scoprendo che David Bowie guardava *Il trionfo della volontà* prima di salire sul palco e che di recente Quentin Tarantino è arrivato addirittura a definire Leni Riefenstahl "la più grande regista di sempre".

MAO Citare sulle magliette in vendita anche presso festival democratici e inclusivi la sua celebre e va pur detto lucidissima frase "La rivoluzione non è un pranzo di gala", trovandola spiritosa e glissando sui circa quaranta milioni di morti.

MORTI Contrariamente a quanto in genere si ritiene, non sono tutti uguali. Nella fattispecie, ci si riferisce a quelli del biennio 1943-1945, quando in Italia si combatté una guerra civile tra chi aveva deciso di passare alla Resistenza e chi invece continuò a essere fedele a Mussolini aderendo alla Repubblica Sociale Italiana. Se ogni anno i caduti partigiani vengono ricordati in occasione del 25 Aprile, il ricordo dei caduti fascisti viene censurato/osteggiato/denunciato dall'Anpi e in genere dalla sinistra. Vedi il caso recente del necrologio pubblicato sull'"Eco di Bergamo" per ricordare i quarantatré giovani – dai quindici ai ventidue anni – appartenenti alla Legione d'Assalto "M" Tagliamento, fucilati dai partigiani di fronte al cimitero di Rovetta il 28 aprile 1945 dopo che si erano arresi e avevano ottenuto la garanzia scritta di essere consegnati agli Alleati o a un'unità del Regio Esercito. "È grave e inaccettabile che dei militari fascisti vengano ricordati su un quotidiano con un annuncio che inizia con la parola 'risorgeranno'. Chiediamo alla redazione de 'L'Eco di Bergamo' di dissociarsi da un necrologio di squallida propaganda," ha dichiarato il presidente provinciale dell'Anpi di Bergamo. *Pietà l'è morta* è del resto una delle più celebri canzoni partigiane.

MUSSOLINI Lo si evoca a piacere ogni volta che si vuole attaccare un avversario. Esempi: "Kossiga è il nuovo Mussolini", "Berlusconi è il nuovo Mussolini", "Salvini è il nuovo Mussolini". Affermare che ha fatto anche cose buone, dall'introduzione della settimana lavorativa di quaranta ore alla bonifica delle paludi passando per la legislazione in tema di pensioni e assicurazioni sul lavoro all'impulso dato alle arti in generale e all'architettura in particolare – vedi la mostra curata da Germano Celant alla Fondazione Prada intitolata *Post Zang Tumb Tuuum Art Life Politics: Italia 1918-43* – significa passare immediatamente per fascisti. Se si è sinceri democratici, occorre ribadire con forza non solo su Twitter ma anche su Facebook che, in quanto Male Assoluto, il Fascismo non può avere fatto assolutamente nulla di buono, ma proprio niente, lo zero assoluto, nemmeno per sbaglio, mai. Vedi HITLER.

NEGAZIONISTI Infestano il web ma non solo, tanto che si è dovuto provvedere a una legislazione apposita. Ogni tanto salta fuori qualcuno che su Facebook nega serenamente anche le foibe, scatenando così le prevedibili polemiche e/o reazioni e/o strumentalizzazioni. Negare le foibe, comunque, non è reato.

NOBEL Accertarsi quando lo si assegna che l'eventuale vincitore per meriti artistici non abbia idee politiche che contrastino con le idee e i valori e i desiderata di chi si ritiene da sempre e per sempre nel buono e nel giusto: per fortuna di Knut Hamsun, all'epoca in cui venne premiato non esistevano i social e i partigiani formato Twitter e Facebook. A Peter Handke è andata peggio.

NORIMBERGA Il processo che vi si svolse dopo la fine del secondo conflitto mondiale e le sue conclusioni costituiscono il metro di giudizio con cui condannare ancora oggi i crimini di guerra e i crimini contro l'Umanità, a patto che non si tratti di spiacevoli incidenti in cui sono rimasti coinvolti civili che si siano imbattuti nei bombardieri Usa. A Norimberga com'è noto non furono giudicati né i responsabili del bombardamento di Dresda, che fece duecentomila vittime civili senza che vi fosse alcun interesse militare, né il presidente Truman, che ordinò gli attacchi atomici su Hiroshima e Nagasaki, costati trecentomila vittime malgrado la resa del Giappone fosse già stata decisa dall'imperatore. Nemmeno i russi vennero giudicati, benché avessero scaricato sui tedeschi il massacro di migliaia di ufficiali polacchi a Katyn' e stuprato migliaia di donne tedesche di ogni età al momento del loro ingresso in Germania, esplicitamente spronati in questo dal celebre poeta Il'ja Ehrenburg: dove per ogni età si intende proprio ogni età, dagli otto agli ottant'anni. Ma, come si è detto, erano solo nipoti, figlie, sorelle, madri e nonne di nazisti, e quindi ci stava che dopo gli orrori perpetrati dai rispettivi nonni, padri, fratelli, figli e nipoti in Russia proprio loro ne pagassero le conseguenze: perché ogni cosa va contestualizzata, santiddio, proprio come nel caso sopracitato delle foibe.

OBELISCO In veste di presidente della Camera, proporre l'abbattimento di quello romano al Foro Italico, eretto durante il Fascismo e recante la scritta *Dux*, perché celebrativo del Ventennio. In base allo stesso principio, abbattere il Colosseo Quadrato all'Eur, gran parte delle stazioni italiane a cominciare dalla Centrale di Milano e interi quartieri, per esempio a Foggia o a Cagliari, o addirittura città, vedi Latina ma anche Sabaudia, Carbonia, Guidonia. Abbattere anche il grattacielo in piazza Castello a Torino, lo Stadio Olimpico Grande Torino già Stadio Mussolini, svariati altri edifici a Roma e altrove. Già che si è all'opera, bruciare i quadri di Boccioni e distruggere le sue sculture e mandare al macero anche i testi di Marinetti. Proibire lo studio di D'Annunzio. Eliminare dai manuali scolastici, ove fosse menzionata, l'iscrizione del premio Nobel della Letteratura Luigi Pirandello al Partito Nazionale Fascista. Radere al suolo Predappio.

OLOCAUSTO Vedi SHOAH.

OMISSIS Evitare di enumerare tutti quelli tuttora esistenti per ciò che riguarda i fatti della cosiddetta "strategia della tensione" e dei cosiddetti "anni di piombo". Se ministri dell'Interno, fare in modo che i segreti di Stato restino tali anche se si proviene da un partito di sinistra. Rileggere *Io so* di Pier Paolo Pasolini. E capire perché di tutti gli intellettuali del dopoguerra sia stato il solo a venire assassinato.

PARTIGIANI Chiunque metta in discussione non la Resistenza ma la retorica della Resistenza, e dunque l'eroismo ineguagliabile e la purezza indiscutibile e l'assoluta infallibilità dei partigiani, è un revisionista, ovvero un fascista: vedi Gianpaolo Pansa, al quale, se presentava uno dei suoi libri, veniva democraticamente impedito di parlare. Se in un liceo si vuole discutere di un libro che racconta di un'ex allieva, Marilena Grill, ausiliaria della Repubblica Sociale Italiana che aveva l'unica "colpa" di servire i pasti alla mensa di Porta Nuova, uccisa benché appena sedicenne dai partigiani dopo essere stata stuprata nella caserma Valdocco, impedirlo anche se l'autore del libro non è Gianpaolo Pansa ma Massimo Novelli, giornalista di "Repubblica" notoriamente di sinistra nonché figlio dell'ex partigiano ed ex sindaco comunista Diego.

Restano comunque negli annali le già citate polemiche anche feroci che accompagnarono l'uscita presso Einaudi del volume di Claudio Pavone *Una guerra civile. Saggio storico sulla moralità della Resistenza*. Per la fortuna dell'autore, all'epoca non esistevano né Twitter né Facebook e nemmeno i partigiani da Twitter e da Facebook.

PIAZZA FONTANA Parlare genericamente di "strategia della tensione", evitando però di usare l'espressione "strage di Stato". Evitare di mettere in relazione l'episodio e la successiva morte di Pinelli per un "malore attivo", come stabilito all'epoca da Gerardo D'Ambrosio, con la nascita delle Brigate Rosse: si potrebbe giungere a conclusioni scomode. Limitarsi a ripetere: "Si è trattato di una strage neofascista".

RAGAZZI Quelli cosiddetti "di Salò" vennero definiti tali anni fa da Luciano Violante nel suo noto discorso alla Camera, che però è tuttora considerato politicamente scorretto. Condannare sempre. Esecrare sempre. Citare sempre l'articolo di Giorgio Almirante su "La difesa della razza". Non citare mai quello giovanile di Giorgio Bocca sugli stessi temi. Non ricordare che tra i ragazzi di Salò militava tra gli altri anche il premio Nobel per la Letteratura Dario Fo. Restare basiti quando un altro premio Nobel per la Letteratura, Günter Grass, confessa di aver fatto parte da ragazzo addirittura della decima divisione corazzata delle Waffen SS *Fründsberg*, anche perché fino al giorno prima l'autore del *Tamburo di latta*, notoriamente di sinistra, aveva rappresentato "la coscienza critica della Germania". Dire sempre: "Mi spiace ma non tutti i morti sono uguali, c'era chi combatteva dalla parte della Resistenza e chi con i nazisti".

RESPINGIMENTI Prendere atto con sconforto che il 71 per cento degli italiani è favorevole alla politica dei respingimenti dei profughi che a bordo delle famigerate carrette del mare tentano di attraversare il Mediterraneo e approdare a Lampedusa e altrove, per fuggire a fame, sete, guerra, perfino all'indomani dell'ultima strage in mare nella quale sono morte decine di disperati, tra cui donne e bambini. Evitare di chiedersi se qualcosa non ha funzionato nella realizzazione del cosiddetto *melting pot*. Evitare di constatare che il 71 per cento è una percentuale di gran lunga superiore alla somma di tutti i votanti dei partiti di centro-destra, per tacere della sola Lega. Evitare di pensare all'attualità di Thomas Hobbes e del suo *homo homini lupus*. Restare basiti constatando che in Grecia si sparano i lacrimogeni contro i rifugiati mettendo a rischio le vite dei bambini e si sparano proiettili contro i loro gommoni anche se da quelle parti non c'è Salvini.

REVISIONISTI Vedi NEGAZIONISTI.

SADDAM HUSSEIN Dire sempre: "Saddam Hussein? Vi ricordo che era il nuovo Hitler".

SETTANTASETTE Rimuovere o al limite condannare. Dire sempre: "I deliranti comunicati delle Br".

SHOAH Evitare di ricordare che durante la guerra le democrazie occidentali – tra cui naturalmente la più grande del mondo – sapevano dell'esistenza dei lager nazisti nella Polonia occupata avendoli fotografati a mezzo di ricognizione aerea, e avrebbero potuto impedire le deportazioni bombardando le linee ferroviarie che portavano ad Auschwitz, a Birkenau o a Chelmno.

SPIKE LEE Già regista assai apprezzato a sinistra viste le sue origini afroamericane, da quando ha fatto un film sugli afroamericani sbarcati in Italia nel 1943 e ha adombrato che i partigiani potessero anche scappare dopo aver sparato, lasciando che i nazisti adottassero misure di rappresaglia sulla popolazione civile, è diventato improvvisamente meno apprezzato di prima.

STALIN Il solo dittatore coi baffi o senza che abbia fatto qualcosa di buono nel corso del Novecento.

25 APRILE Postare un selfie sul proprio profilo Facebook in cui si indossa una maglietta che inneggia ai partigiani. Postare un selfie sul proprio profilo Facebook in cui si indossa una maglietta che inneggia al Duce. Rendere omaggio alle lapidi dei partigiani. Vandalizzare le lapidi dei partigiani. Non prendere atto che la guerra è finita da settantacinque anni, che poi sono quasi un secolo, e che nel frattempo la nostra casa brucia, come dice quella ragazzina svedese.

La cultura

Correva l'anno 2008 quando i guardiani dell'ipocrisia elevata a pensiero unico individuarono in George Steiner l'ennesimo reprobo. L'accademico inglese, da poco scomparso e celebre in tutto il mondo per i suoi meriti in veste di linguista, critico e narratore, aveva osato affermare in un'intervista al quotidiano "El País" che è molto facile "starsene seduti a casa qui a Cambridge e dire che il razzismo è una cosa orribile; ma venite a chiedermi di ripeterlo dopo che una famiglia giamaicana con sei figli si è stabilita accanto a casa mia e suona reggae e rock'n'roll tutto il giorno". Apriti cielo. Anche perché, non pago, Steiner aveva aggiunto: "Il mio agente immobiliare mi ha informato che siccome ho dei giamaicani come nuovi vicini, il valore di casa mia è sceso in picchiata". A queste parole insorsero intellettuali ed esperti di pari opportunità, nonché il portavoce del Muslim Council britannico. Che da parte sua, nel condannare Steiner, non ha mancato di esternare un certo stupore, visto e considerato "il passato" dell'accademico, ovvero la fuga della sua famiglia ebrea dalla Francia che nel 1940 stava per essere occupata dai nazisti. Non uno, naturalmente, ha ritenuto di mettere in relazione le origini di Steiner con le ansie di questi in merito alla svalutazione del suo immobile. Ma siamo sicuri che nessuno ci abbia pensato? Quanti, fra quelli che hanno condannato Steiner dopo aver letto della sua intervista, si saranno detti che in fondo si trattava solo di un vecchio ebreo preoccupato per i suoi investimenti? Qui stanno il torto e il merito di Steiner: ossia nell'aver detto ciò che pensava. Qualcosa d'inimmaginabile, oggi come oggi. Non a caso Eric Barendt, docente presso l'University College di Londra, fece notare come in Inghilterra a causa del politicamente corretto non fosse più possibile esercitare la libertà di parola. C'è del resto chi, in veste di presidente di una ong che gode dello status di consulente speciale con il Consiglio Economico e Sociale delle Nazioni Unite e svolge progetti di educazione allo sviluppo, ai diritti umani e alla risoluzione dei conflitti, sostiene che la Divina Commedia *debba essere tolta dai programmi scolastici per via dei suoi contenuti antisemiti, islamofobi, razzisti e omofobici: "È nostro dovere segnalare alle autorità competenti, anche giudiziarie, che la* Divina Commedia *presenta contenuti offensivi e razzisti che vanno approfonditi e conosciuti. Chiediamo, quindi, di espungere la* Divina Commedia *dei programmi scolastici ministeriali". E che dire dello Shakespeare autore di* Il mercante di Venezia*?*

ARTE CONTEMPORANEA Si fonda sulle "provocazioni". In definitiva, ricava un mucchio di soldi prendendosi gioco dell'ipocrisia dei più.

BARENBOIM Scandalizzarsi perché ha diretto Wagner in Israele e, non pago, ha fondato un'orchestra composta da musicisti israeliani e palestinesi. Dire sempre: "Barenboim? Non lo ascolto".

BRUNO GANZ Piangerne la dipartita con il consueto *R.i.p.* sui social, dimentichi delle polemiche suscitate in Germania e altrove per come interpretò Hitler nel film *La caduta*: in molti ritennero infatti che lo avesse reso "troppo umano" e criticarono l'attore anche per aver affermato in un'intervista che naturalmente odiava il dittatore, ma che se avesse provato solo odio nei suoi confronti non sarebbe stato in grado di calarsi nel personaggio e interpretarlo.

BUKOWSKI Evitare di citarlo in pubblico per via delle sue affermazioni critiche nei confronti di certe prese di posizione da parte delle femministe. Meditare se eliminare le sue opere dalla propria biblioteca come già fatto con i dvd dei film di Woody Allen e di Roman Polanski.

CAMEO Se il protagonista del medesimo è Donald Trump, eliminarlo dalla pellicola *Mamma ho riperso l'aereo* al momento di trasmetterla in tivù, come ha fatto l'emittente Canadian Broadcasting Company.

CARMEN Di Bizet. Se la si mette in scena, epurarne il finale: trattasi di evidente incitazione al femminicidio.

CÉLINE Citare fra intellettuali ma con cautela e moderazione e in ogni caso sottolineando sempre che una cosa è il Céline di *Viaggio al termine della notte* e *Morte a credito*, più o meno accettabile, e un'altra è il Céline di *Bagattelle per un massacro*, totalmente inaccettabile. Citare Nicolas Sarkozy: "Non tutti quelli che, come me, leggono Céline, sono antisemiti". Evitare di proseguire come lui: "Così come non sempre chi legge Proust è omosessuale". Dire sempre: "Céline? Un nazista".

CHECCO Accusato di razzismo in occasione dell'uscita del suo ultimo film *Tolo Tolo*, anche da chi il film non lo aveva ancora visto, Zalone dixit: "Basta con la psicosi del politicamente corretto". Ma non tutti hanno la sua onestà intellettuale, specie tra gli intellettuali.

CIVILTÀ Evitare di parlare di "scontro di civiltà" e soprattutto di "superiorità della civiltà occidentale". Evitare altresì di affermare in pubblico che i cinesi mangiano i pipistrelli. Farsi comunque un giro in un mercato rionale cinese, dove tra i cibi da strada in vendita sulle bancarelle è possibile imbattersi in vermi, scorpioni, cani, serpenti. Affermare che in un prossimo futuro l'Umanità dovrà abituarsi a mangiare insetti. Finché c'è tempo, apprezzare le virtù della cucina tradizionale italiana.

DANTE Proibire nelle scuole ma non solo la lettura integrale della *Divina Commedia*, o quantomeno delle parti ritenute politicamente scorrette. Nel migliore dei casi emendarla aggiungendovi note politicamente corrette come si è fatto del resto per il *Mein Kampf*.

DAVID BOWIE Piangerne sui social la dipartita col consueto *R.i.p.* dimentichi o forse ignari del fatto che a un certo punto della sua carriera usava caricarsi prima dei concerti guardando *Il trionfo della volontà* di Leni Riefenstahl.

DAVID FOSTER WALLACE Accusarlo di maschilismo perché stalkerava una ragazza. Meditare se eliminare le sue opere dalla propria biblioteca come già fatto con i dvd dei film di Woody Allen e di Roman Polanski.

HANDKE Indignarsi per il fatto che gli è stato conferito il premio Nobel per la Letteratura, a prescindere naturalmente da ciò che ha scritto. Sostenere che avergli dato il premio Nobel per la Letteratura non significa premiare l'opera o l'artista ma piuttosto avalli un sistema di violenza che sistematicamente silenzia i sopravvissuti al genocidio. Pretendere che la giuria torni sulla decisione. Dichiararsi sinceri democratici.

HITCHCOCK Stando alle rivelazioni di Tippi Hedren, la protagonista del film *Gli uccelli*, un molestatore seriale alla pari di Harvey Weinstein, e dunque di Woody Allen. Una volta appresa la notizia, cambiare radicalmente il proprio giudizio su pellicole come *La finestra sul cortile* o *Caccia al ladro*. Comportarsi di conseguenza: ovvero, dato che si è apprezzata la decisione di editori americani e francesi di non pubblicare le memorie di Allen plaudendo anche alla decisione di svariate attrici di non recitare più con lui, pretendere che tali pellicole vengano tolte dalla circolazione e possibilmente messe al rogo.

INTELLETTUALI Se parte del comitato editoriale democratico di una manifestazione editoriale democratica, postare un comunicato su Facebook elencando tutti i fascisti che non devono trovare spazio nella manifestazione medesima poiché metterebbero a rischio la democrazia della manifestazione e del Paese nonostante in passato vi abbiano trovato spazio senza che la democrazia della manifestazione e del Paese corresse in effetti alcun rischio. Annunciare il boicottaggio della manifestazione accusandola di non essere abbastanza antifascista perché su duemila appuntamenti in programma ve ne sarebbero un paio che prevedono ospiti fascisti. Su Facebook e a ruota anche su Twitter fare poi a gara a chi è più antifascista dell'altro. Accusarsi reciprocamente di non esserlo abbastanza. Controllare compulsivamente Facebook e Twitter per vedere chi accusa chi e fino a che punto si è coinvolti. Perdere ogni contatto con la realtà. Avere un grosso problema di narcisismo. Nei giorni della nota pandemia, mentre in Italia si registrano migliaia di morti e il sistema sanitario è sull'orlo del collasso in un Paese bloccato in casa dalla quarantena, con la recessione che incombe e migliaia di posti di lavoro a rischio, scrivere un post su Facebook di questo tenore: "In questi giorni non si trova roba. Gli spacciatori sono chiaramente scomparsi. I rifornimenti sono chiaramente bloccati. Zero fumo, erba, coca, eroina. I tossicodipendenti ma anche chi ne fa un uso abituale, anche solo ludico, stanno subendo contraccolpi fisici e psichici notevoli. I medici sono surclassati dalle richieste di aiuto. Tra le tante cose che questa pandemia ci fa capire è il valore dell'antiproibizionismo, e che il proibizionismo ha effetti sociali devastanti". Riflettere sugli effetti sociali devastanti per chi non può tirare bamba nel weekend. Riflettere altresì su quei "medici surclassati dalle richieste di aiuto".

JOVANOTTI Citare sempre la sua canzone che parla di Madre Teresa e Che Guevara. Invitare sempre, in caso di rifiuto ripiegare sui Modena City Ramblers. Dire sempre: "Pazzesco, pensa che ha cominciato con Cecchetto".

LARS VON TRIER Non andare più a vedere i suoi film dopo che a Cannes dichiarò di "capire Hitler".

LEWIS CARROLL Chiedersi se il suo *Alice nel paese delle meraviglie* oggi potrebbe essere dato alle stampe e letto nelle scuole visto l'evidente interesse dell'autore nei confronti delle minorenni.

MALAPARTE Secondo il professor Luigi Martellini, curatore del Meridiano dedicato allo scrittore, è rimosso perché "è stato un 'fascista', e l'Italia non riuscirà mai a smaltire questo suo periodo storico... è esistita ed esiste ancor nel nostro Paese (altamente democratico e sempre pronto a riempirsi la bocca di democrazia) una cultura egemone (di cui tutti conoscono il colore), che ha prodotto molti danni e condizionato scelte smaccatamente ideologiche e non letterarie: chi non apparteneva a una parte apparteneva di conseguenza alla parte opposta e quindi nemica". A valere dunque non era "la bravura o la genialità, ma l'appartenenza a uno schieramento politico e/o partitico". E ancora: "La politica culturale del dopoguerra ha colonizzato giornali, autori, opere, case editrici, università e quant'altro, eliminando e facendo passare sotto silenzio o relegando a una marginalità oscena tutto ciò che poteva apparire contrario o pericoloso o migliore".

MODENA CITY RAMBLERS Invitarli sempre, specie al concerto del Primo Maggio, se possibile con Jovanotti. Cantare in coro *Bella ciao*. Constatare: "I Clash? Beh, in effetti erano un'altra cosa".

MORALISTI (2) Ce ne sarebbe bisogno come del pane, tuttavia va tenuto presente che la parola "moralista" viene usata solo in senso spregiativo. Chiunque dica pubblicamente che tutti dovrebbero pagare le tasse è un moralista. Chiunque affermi che la legge non è uguale per tutti è un moralista. Chiunque sostenga che certe trasmissioni televisive sono molto più volgari della pornografia è un moralista. I moralisti hanno sempre qualche scheletro nell'armadio. Dire sempre, con aria di sufficienza: "È solo un moralista". Rincarare la dose: "Fa solo del moralismo peloso".

MOSTRA Organizzarne una a Venezia con i disegni del Mostro. Di Firenze. Dichiarare: "È una provocazione artistica, ma non volevamo mancare di rispetto alle vittime".

NABOKOV Chiedersi se oggi come oggi il suo *Lolita* verrebbe pubblicato, e nel caso quali reazioni susciterebbe presso le femministe.

NAOMI KLEIN Vedi NO LOGO.

NIETZSCHE Evitare assolutamente di leggere, ma citare la frase sentita al cinema: "Quel che non ti uccide ti rende più forte". Dire sempre, con aria di saperla lunga: "Nietzsche? Un nazista".

ODIFREDDI Ateo, laico, anticlericale, è capace di dire che la Bibbia è una raccolta di leggende beduine in cui un Dio cattivissimo fa il tifo per un unico popolo mentre gli altri li distrugge. A seconda di come la si pensa, invitare sempre o non invitare mai.

OMUNCOLO Lo si può, anzi lo si deve, usare solo riferendosi a Hitler. Aggiungere che faceva l'imbianchino. Meditare sul perdurante disprezzo di molti intellettuali di sinistra nei confronti della categoria degli imbianchini.

ORCHESTRA Fa testo solo quella di Piazza Vittorio, che come è noto è nata in un quartiere multietnico ed è perciò multietnica. Di recente nella multietnica piazza Vittorio, scelta anche perché tale come luogo di residenza da alcuni intellettuali di sinistra, alcuni intellettuali di sinistra e/o i loro congiunti hanno formato un comitato per via dei disagi di cui è oggetto la piazza, diventata negli ultimi anni meno trendy e più invivibile per via della varia umanità in cui ci s'imbatte non solo la sera sotto i portici e nei giardini, che tra ubriachezza molesta, spaccio, "spade" e atti più o meno osceni non è il massimo anche per la sensibilità dei pargoli. I membri di tale comitato si sono dati il compito di chiamare la polizia nel momento in cui assistono a qualcosa di illegale. Uno di questi intellettuali, uno che mi è caro e a cui voglio bene, un giorno mi ha detto: “Pensa, telefona alla polizia anche mia moglie, roba da matti, una che è sempre andata alle manifestazioni a favore dei migranti e contro la polizia. Io gliel'ho detto: sei diventata fascista”. Dire sempre: “Furtwängler? Un nazista!”.

OSCAR Prendere atto che non vi sono afroamericani tra le candidature più importanti del 2020. Chiedersi se sia *a*) un caso; *b*) un complotto razzista; *c*) un'annata storta per gli afroamericani che a vario titolo lavorano a Hollywood; *d*) uno degli effetti collaterali del salvinismo arrivato non si sa bene come in California; *e*) colpa degli astri.

PARENTE Vale per lui la frase “Questi ragazzi non sanno star fermi” pronunciata dal capitano Willard in *Apocalypse Now*, e riferita alla Cavalleria dell'Aria del colonnello Kilgore, “sempre in cerca di guai” in Vietnam. Non sa che cosa sia l'ipocrisia, collezionando nemici e onore e beccandosi pure dell'incel da parte di signore politicamente corrette (ma non con lui). In quanto amico di Parente, il fumettista Gipi è stato di recente esortato via Twitter a ripulirsi la coscienza abbandonando l'ignobile Massimiliano. Gipi ha risposto da par suo con la citazione che trovate in esergo al presente volume. Vedi INCEL.

PASOLINI Chiedersi se certi suoi comportamenti privati implichino il rigettarne l'opera, così da mostrarsi coerenti dopo aver rigettato quella di Woody Allen o di Roman Polanski.

POLANSKI Indignarsi perché gli è stato conferito il premio César, a prescindere naturalmente dal film che ha girato. Sostenere che avergli dato il premio César non ha il significato di premiare l'opera o l'artista ma piuttosto avalli un sistema di violenza che sistematicamente silenzia chi ha subìto lo stupro. Se un suo film viene premiato, protestare vibratamente stigmatizzando non solo il comportamento da predatore sessuale del regista ma anche il giudizio della giuria che ha osato premiare l'opera. Insultare i giurati come ha fatto Virginie Despentes accusandoli di essere una banda di "imbecilli funesti" rei di avere creato un "mondo disgustoso". Affermare seriamente che premiando Polanski il potere ha voluto commettere un altro stupro in pubblico. Non rendersi conto.

PROVOCAZIONI Indispensabili soprattutto per il corretto funzionamento del mercato dell'arte contemporanea. Nel progettarle, tenere presente che da sempre tirano innanzitutto tre argomenti: sesso, morte, nazisti. Meglio se tutti e tre insieme, come nell'opera *Hell* dei fratelli Jake e Dino Chapman. Dire sempre: "La mia è una provocazione".

ROBINSON CRUSOE Stando all'autorevole "Guardian", non va più letto perché si tratta di una favola coloniale che mette in scena la schiavitù, la supremazia dell'uomo bianco sui Venerdì nonché dell'Inghilterra sulle colonie, l'idea dell'operosità individuale che trasforma il mondo e per soprammercato il ruolo subalterno della donna. In base agli stessi parametri, mandare al rogo in nome del politicamente corretto un numero non quantificabile di classici della letteratura mondiale, ritenendosi va da sé molto democratici.

ROCKSTAR Devono prefiggersi di salvare il mondo e approfittare dell'uscita del nuovo disco per comunicarlo al mondo. Il non plus ultra è Bono Vox degli U2, uno che gira sempre con gli occhiali da sole e il berretto stile guerrigliero e frequenta capi di Stato e/o di governo e li rimbrotta. Cercare di evadere le tasse prendendo la residenza altrove. Dire sempre: "Il rock mi ha salvato la vita".

SADE Chiedersi se oggi come oggi i suoi libri, che con un certo anticipo hanno messo a nudo la brutalità del capitalismo che riduce l'essere umano a cosa e a merce, verrebbero pubblicati, e quali sarebbero nel caso le reazioni delle femministe.

SAVIANO L'unico scrittore italiano che è riuscito a inimicarsi sia i camorristi napoletani sia il ministro dell'Interno leghista.

SCRITTORI Li si invita in tivù in veste di piante ornamentali, come ha giustamente notato Paolo Giordano a proposito degli ospiti chiamati a dire la loro sulla pandemia di Covid-19, naturalmente rispettando le quote: non rosa, ma relative alla testata giornalistica con cui collabora lo scrittore di turno. Anche se conduttrici che da femministe si battono giustamente contro l'overdose di testosterone, invitare di preferenza soggetti maschi bianchi ultracinquantenni, meglio se del Pd.

SESSANTOTTO Celebrare sempre. Rievocare gli anni giovanili in un misto di commozione ed entusiasmo, ma con il piglio di chi per tua fortuna ti spiega com'è il mondo. Far capire più o meno esplicitamente che il Sessantotto è stato molto più importante sia della Rivoluzione francese sia della Rivoluzione russa. Ribadire che da quel momento niente è più stato come prima e sottintendere che la cosa va intesa, è ovvio, in senso positivo. Far finta di nulla se qualche maleducato fa notare che la scuola in Italia è stata distrutta dall'onda lunga del Sessantotto, e che prima del Sessantotto i genitori non usavano farsi le canne con i figli. Dire sempre, con una piega amara della bocca o con un accenno di dolore nella voce: "Soltanto dopo vennero gli anni di piombo" Alla luce dello stato attuale delle istituzioni scolastiche, rimpiangere la riforma Gentile.

SHAKESPEARE Proibire nelle scuole, ma non solo la lettura di *Il mercante di Venezia*. Proibirne anche le eventuali rappresentazioni teatrali nel caso a qualcuno saltasse in mente di riproporlo. Mandare al rogo come già si fece per *Ultimo tango a Parigi* la pellicola con Al Pacino nel ruolo di Shylock.

SPENGLER Snobbarlo perché di destra benché *Il tramonto dell'Occidente* oggi ma non da oggi possa apparire alquanto premonitore. Accusarlo di connivenza con il nazismo malgrado avesse dichiarato: "Volevamo liberarci dai partiti ma è rimasto il peggiore", e anche di razzismo nonostante avesse affermato che questo altro non era che "un'ideologia del risentimento verso la superiorità ebraica".

STATUE Se ve ne fossero di ignude nel museo che si dirige, e se nel museo in questione fosse in programma la visita di un capo di stato iraniano, coprirle.

SUPERUOMO Parola che si usa solo in senso sarcastico e/o dispregiativo e solo in riferimento a Paul Joseph Goebbels. Citare l'omonima teoria di Nietzsche per dimostrare che questi era un nazista *ante litteram*, come peraltro Wagner. Vedi STORPI.

TAMARA DE LEMPICKA Nel caso il percorso del corteo papale costeggi muri nei quali sono affissi manifesti della mostra dedicata all'artista, coprire i medesimi così da non offendere la sensibilità del Santo Padre di turno.

UNGARETTI Apprezzarne l'opera fino a quando non si viene a conoscenza della sua adesione al Fascismo, vedi l'articolo che scrisse per il "Popolo d'Italia" il 13 novembre 1919, in cui si legge: "Patria e rivoluzione: ecco il grido nuovo... Aderisco ai Fasci di Combattimento, il solo partito che intende la tradizione e l'avvenire in modo genuino". Restare basiti nell'apprendere che il poeta non mostrò alcun ripensamento neppure dopo la caduta di Mussolini. Chiedersi se sia il caso di boicottare il Salone del Libro perché ospita editori che pubblicano le opere di Ungaretti.

VIA COL VENTO In Italia, ritradurlo evitando di usare il termine "negri" quando ci si imbatte nei *niggers* dell'originale, usando in alternativa "neri" oppure "schiavi", "servi", "servitù". Negli Usa, inserirlo direttamente nella lista dei libri proibiti.

WAGNER (1) Rifiutarsi di ascoltarlo. Suonarlo in Israele come ha fatto Daniel Barenboim con un'orchestra di giovani musicisti ebrei e palestinesi significa venire automaticamente accusati di antisemitismo. Dire sempre: "Wagner? Un nazista".

WAGNER (2) Rifiutarsi di ascoltarlo. Suonarlo in Israele come ha fatto coraggiosamente l'ebreo Daniel Barenboim, che non pago ha poi fondato un'orchestra di giovani musicisti ebrei e palestinesi, significa venire automaticamente accusati di antisemitismo, anche se il celebre direttore aveva avvisato il pubblico prima del bis – il *Preludio* e *Morte di Isotta* dal *Tristano e Isotta* – permettendo a una trentina di persone di lasciare la sala, così da non essere costrette ad ascoltare la musica del compositore tanto amato da Hitler. Dire sempre: "Wagner? Un nazista".

WOODY ALLEN Dopo il #metoo, rifiutarsi di lavorare ancora con lui. Affermare: "Del resto, che cosa vuoi aspettarti da uno che si è messo con la figlia?".

ŽIŽEK Accusarlo di fasciocomunismo perché tra le altre cose ha affermato a proposito della globalizzazione che "più il nostro mondo è connesso, più un disastro locale può scatenare una catastrofe globale". Riflettervi approfittando della quarantena imposta dalla nota epidemia esplosa in Cina per poi contagiare il globo.

Il linguaggio

Le parole restano pietre. L'uso che facciamo del linguaggio può essere molto violento. Ma questa violenza non risiede soltanto negli epiteti ricevuti dagli arbitri durante le partite di calcio o nelle domande che vengono rivolte alle donne che denunciano di essere state stuprate, in modo da accertare "al di là di ogni ragionevole dubbio" che lo stupro sia avvenuto davvero (anche se la donna indossava i jeans: c'è voluta una sentenza della Cassazione per certificare questa possibilità). La violenza delle parole sta anche, o se volete soprattutto, nella loro ipocrisia. In realtà, a parte i suoi effetti non di rado grotteschi, il politicamente corretto è qualcosa di molto violento proprio per questa sua intrinseca vocazione all'ipocrisia suprema. Come si sente un lavoratore licenziato quando viene definito "esubero"? Un sordo si rallegra nel momento in cui viene chiamato "non udente"? La madre di un bambino nato con una forma grave di handicap, magari incapace di intendere e di volere e costretto su una sedia a rotelle, sarà contenta di sapere che suo figlio è "diversamente abile"? E che effetto può fare a un ex prigioniero vittima di torture sapere che in fin dei conti è solo stato sottoposto a "tecniche avanzate di interrogatorio"?

Ogni parola del nostro vocabolario ha un'origine. C'è una scienza che se ne occupa, l'etimologia. E forse sarebbe il caso di tornare a chiamare le cose con il loro nome, anziché inventarsi ogni giorno nuovi eufemismi o giri di parole che non riescono né a nascondere né a migliorare o abbellire la nuda realtà delle cose. Armand Farrachi, polemista e scrittore francese, ha di-

chiarato in un'intervista a "Repubblica": "All'infantilizzazione del linguaggio corrisponde del resto quella del gusto, che ha già portato in trionfo il molle, il dolce, il grasso e l'aromatizzato, poi quella dell'ambiente circostante che moltiplica sui manifesti e i cartelli segnaletici piccole forme puerili umanizzate con gli occhi a forma di 'o' e i sorrisi a forma di 'u'". Che cosa possiamo fare? "Per esempio, voi giornalisti potreste provare a usare termini più adatti, specie per quello che concerne il potere. Potreste evitare di definire 'populista' ciò che sfugge al sistema, o 'violenza' l'atto di rompere una mattonella. Ma naturalmente il potere, che possiede la stampa, scarterebbe queste scelte: è proprio attraverso la diffusione di queste parole e idee che controlla il potere che esercita."

Sia come sia: seguendo l'esempio di Michela Murgia con la sua Matria, ho scritto questo breve testo che, mi auguro, potrà essere preso a modello da qui in poi per un uso più consono e politicamente corretto del linguaggio da Trieste in giù:

"La linguaggia è maschilisto: cambiamola. Signora e Signora, buongiorna. Sona qua per denunciara una volta per tutta l'usa maschilisto della linguaggia, che coma sappiama va avanta da secola. Tutta la sostantiva e la verba e l'avverbia e la soggetta e la complementa oggetta pià importanta sona da sempra usata al maschilo, e da parta mia ritenga sia giunta l'ora di dare una segnala forta. Occorra infatta una volta per tutta dare la la a una cambiamenta radicala, totala, della linguaggia e liberarla da secola di maschilismo maschilo e maschilisto. Da parte mia proponga la rinnovamenta della vocabolaria tutta, cosà da trasformarla in una linguaggia finalmenta tutta alla femminila, che poia è quella che ia sta usanda in questa momenta, coma spera che abbiata notata. Tra la mia proposta, innanzitutta, c'è la cambiamenta della testata di una della più importanta quotidiana italiana, la 'Corriera della Sera'. 'La Stampa' e 'la Repubblica' vanna bena cosà come sona, propria coma 'La Sicilia'. Ma va cambiata anca 'La Tempa', 'La Mattina', 'La Messaggera', 'La Fatta', 'Libera', 'la manifesta', la 'Corriera Fiorentina', 'La Resta della Carlina', insomma tutta quanta. Poia vanna cambiata la noma della elettrodomestica. La friga, la forna, la frullatora, la tostapana. Quanta alla mobilia, la se-

dia e la tavola e la dispensa vanna bena cosà, ma bisogna passara alla divana, all'armadia e alla comodina. Per fortuna, dalla punta di vista istituzionala ce sona già stata evidenta progressa: già se usa la Sindaca e l'Assessora e la Ministra. Ma bisogna fara una sforza in più, e passara non sola alla Avvocata e alla Direttora, ma anca alla Giudicia, all'Arbitra, alla Pubblica Ministera. In chiesa, rivolgiama una preghiera che sia la Madre Nostra. Alla stadia, tifiama ovviamenta la Roma ma anche la Lazia, la Bologna ma pura la Torina, la Sampdoria ma altresà la Napola. Quanta alla ciba, ma raccomanda: usata la prosciutta, la formaggia, la cavola, la pana, la vina, la aceta e la olia. E la sala. Da pranza".

ASSESSORA Lo si deve usare in luogo di "assessore" se si tratta di una donna, così da contrastare il maschilismo della lingua. Chiedersi se la stessa cosa valga anche per "architetta" nonostante la tetta. Chiedersi anche come fare con dentista, elettricista, logopedista, autista, guardia giurata, ovvero se sia il caso di usare lo stesso metro, quindi volgerli al maschile qualora chi fa tali mestieri sia un uomo, e dunque passare a "dentisto", "elettricisto", "logopedisto", "autisto", "guardio giurato" eccetera.

BUFALE Oggi si chiamano "fake news". Le mettono in giro Trump e Putin, ma non coloro che all'approssimarsi di elezioni anche solo comunali o regionali sostengono come il Paese corra seriamente il rischio di tornare a essere governato da un regime fascista, salvo poi dover prendere atto che Casa Pound ha raggiunto lo 0,3 per cento.

INCEL Neologismo derivante dalla crasi tra due vocaboli inglesi, *involuntary* e *celibate*, sta per "celibe involontario" in riferimento a coloro che non riescono ad avere una partner, e c'è chi pur essendo paladin* del politicamente corretto lo usa in senso spregiativo nei confronti di coloro che non la pensano come si vorrebbe e per giunta osano dirlo o scriverlo. Vedi PARENTE.

IRONIA Usarla è pericolosissimo: non si hanno più gli strumenti per capirla. Dire sempre: "Ma che ha questo da fare dell'ironia su 'ste cose?".

MORTE Non è carino chiamarla così.

NEUTRALIZZARE I nemici non vengono uccisi ma "neutralizzati". Specie, va da sé, quelli dell'esercito degli Stati Uniti. Dire sempre: "E siamo lieti di comunicarvi che alle ore otto e zero uno locali i guerriglieri fondamentalisti sono stati neutralizzati".

NO Evitare di usarlo per non provocare traumi e risparmiarsi spiacevoli e impegnative discussioni. Accondiscendere: "E va bene. Basta che la pianti".

OMICIDIO Se la vittima è una donna, va sostituito con "femminicidio". Come suggerito altrove, chiedersi se sia necessario estendere la cosa e dunque nell'ottica di tutelare le varie minoranze passare a "diversamenteabilicidio", "gaycidio", "itineranticidio", "migranticidio".

OMOSESSUALE Si dice "gay".

PRESUNTE Lo sono sempre le violenze commesse dalle forze dell'ordine, anche quando vi siano testimonianze fotografiche e filmati a provarle al di là di ogni ragionevole dubbio. Sbottare: "Ma secondo voi le forze dell'ordine che cosa dovevano fare? Lasciare che i Black Bloc devastassero tutto?".

PUTTANE (2) Non è carino continuare a chiamare così quelle che un tempo venivano chiamate così. Sbottare: "Ma che fa? Fischia un rigore?". Aggiungere: "Arbitro figlio di fornitrice di servizi sessuali!".

SINDACA Lo si deve usare nel caso chi ricopre la carica sia una donna.

TU Pronome che si può usare abbastanza tranquillamente purché non sia seguito dalle parole "scendi dalle stelle". Dire sempre: "Ragazzi, datemi pure del tu".

UOMO Non si può non rilevare come per sua stessa natura la parola sia fortemente discriminante nei confronti della donna, per non dire della cosa che designa.

ZITELLE Non esistono più: sono state sostituite dalle "single". In pubblico dire a tutti che essere single è bellissimo, in privato pensare che ritrovarsi senza un uomo a quarant'anni e dover uscire ogni sera nella speranza di scovarne uno che non sia gay o il solito stronzo è peggio che un lavoro, anche perché i migliori se li sono già presi le altre e tentano di tenerseli stretti. Fingere a ogni costo di divertirsi. Sulla pista, scuotere continuamente i capelli cercando in ogni modo di farsi notare. Scoprire qualche altro centimetro di pelle. Se la cosa non ha esito alcuno, attaccarsi al bancone del bar. Bere un *chupito* dopo l'altro. Fare in modo di non ridursi a flirtare con il ragazzo del bar. Una volta ubriache, deambulare dalle parti dei bagni nella speranza di raccattare qualcuno. Se non funziona, tornare al bancone del bar e fissare ostentatamente il ragazzo del bar, vada come vada. Dire sempre: "Tu che fai stasera?".

ZOPPO Vedi STORPI.

Bibliografia

Alberto Arbasino, *Paesaggi italiani con zombi*, Adelphi, Milano 1998;

Flavio Baroncelli, *Il razzismo è una gaffe*, Donzelli, Roma 1996;

Claudio Bonvecchio, Claudio Risé, *L'ombra del potere*, Red Edizioni, Milano 2004;

Edoardo Crisafulli, *Igiene verbale*, Vallecchi, Firenze 2004;

Valentina D'Urso, *Le buone maniere*, il Mulino, Bologna 1997;

Bret Easton Ellis, *Bianco*, traduzione di Giuseppe Culicchia, Einaudi, Torino 2019.

Gustave Flaubert, *Dizionario dei luoghi comuni*, traduzione di J. Rodolfo Wilcock, Adelphi, Milano 1980;

Robert Hughes, *La cultura del piagnisteo*, traduzione di Marina Antonelli, Adelphi, Milano 2003;

Giacomo Leopardi, *Discorso sopra lo stato presente dei costumi degl'Italiani*, Feltrinelli, Milano 2015;

Luigi Martellini, introduzione a Curzio Malaparte, *Opere scelte*, I Meridiani Mondadori, Milano 1997.

Friedrich Nietzsche, *Al di là del bene e del male*, traduzioe di Ferruccio Masini, Adelphi, Milano 1977;

George Orwell, *1984*, a cura di Franco Garnero, Mondadori Oscar Grandi Classici, Milano 1994;

Samantha Power, *Voci dall'inferno*, traduzione di Nazzareno Mataldi, Dalai, Milano 2004;
Jonathan Swift, *Istruzioni alla servitù*, traduzione di Lodovico Terzi, Adelphi, Milano 1978;
Alexis de Tocqueville, *La democrazia in America*, prefazione e traduzione di Giorgio Candeloro, Rizzoli BUR, Milano 1999.

Ringraziamenti

Grazie a Margherita, che lo ha letto per prima e che mi insegna ogni volta a pensarla diversamente da me. Grazie a Giovanna per i suggerimenti. Grazie a Gianluca e ad Alessia che ci hanno creduto. E grazie come sempre a Francesco ed Elisabetta e Nuzzo e Walter e Ada e Fabrizio e Graziano e Francesca e Pier Vittorio. E a Federico e Francesco.

Indice